August Friedrich Christian Vilmar

Deutsches Namenbüchlein

Die Entstehung und Bedeutung der deutschen Familiennamen

August Friedrich Christian Vilmar

Deutsches Namensbüchlein

Die Entstehung und Bedeutung der deutschen Familiennamen

ISBN/EAN: 9783959134972

Auflage: 1

Erscheinungsjahr: 2015

Erscheinungsort: Treuchtlingen, Deutschland

Literaricon Verlag Inhaber Roswitha Werdin, Uhlbergstr. 18, 91757 Treuchtlingen

www.literaricon.de

Literaricon

Deutsches Namenbüchlein.

Die Entstehung und Bedeutung der deutschen Familiennamen.

Von

Dr. A. F. C. Vilmar,

weil. ord. Prof. der Theologie u. d. Universität Marburg.

Siebente Auflage.

Marburg.

N. G. Elwert'sche Verlagsbuchhandlung.

1910.

Vorbemerkung.

Der Inhalt dieses Büchleins besteht aus einer Reihe von Aufsätzen, welche vor mehr als 13 Jahren, in der ersten Hälfte des Jahres 1852, in dem „Hessischen Volksfreund" erschienen, und der belehrenden Unterhaltung des Leserkreises dienen sollten, für welchen jene Zeitschrift bestimmt war. Als später ein besonderer Abdruck der Aufsätze gewünscht wurde, mochte ich mich demselben nicht widersetzen, und fügte sogar einige kleine Erweiterungen hinzu. Jenem Zwecke einer belehrenden Unterhaltung soll auch die gegenwärtige, bedeutend erweiterte Ausgabe dienen. Die Angaben, welche das Büchlein enthält, waren damals, als es noch keine „Namenbüchlein" gab, und sind auch jetzt nicht aus andern Namenbüchlein, sondern aus dem Leben und aus Urkunden unmittelbar geschöpft; daß die Erklärung der Namen auf sorgfältiger und gründlicher Erwägung der Sprache, nach

dem gegenwärtigen Standpunkt der deutschen Sprach-
wissenschaft, beruhe, wird dem Kundigen nicht ent-
gehen. Der Mitteilung von Belegen habe ich mich
jedoch absichtlich enthalten, um nicht der Belehrung
in unfruchtbarer Weise ein allzustarkes Uebergewicht
über die Unterhaltung einzuräumen.

Marburg, im Mai 1865. V.

Einleitung.

Seitdem vor drei- bis vierhundert Jahren die Familien- oder Schreib-Namen bei uns aufgekommen sind, bekommt ein Jeder bei seiner Geburt etwas mit für seinen Lebensweg, was ihm beinahe so fest anhängt wie seine Haut, aus welcher er nicht heraus kann, und welches er doch eigentlich nicht nötig hat — weit weniger als etwa Kleider und Schuhe — seinen Familien-, Geschlechts- oder Schreib-Namen. An und für sich sind diese Namen freilich nicht notwendig, denn der Tauf- oder Nenn-Name reicht aus, reicht von der heiligen Taufe bis zur seligen Auferstehung und wohl noch darüber hinaus, während wir in der Auferstehung ohne Zweifel so wenig Müller oder Schneider, Fischer oder Weber heißen werden, wie wir alsdann werden freien und uns freien lassen. Sie dienen nur, um uns *schreiben* zu können, wie man ja hier zu Lande noch bis auf diesen Tag den richtigen Unterschied macht: Ich *heiße* Johannes, aber ich *schreibe mich* Schmidt. Sie dienen dazu, der durch unsere immer künstlicher und verwickelter werdenden geselligen Zustände unausbleiblich hervorgerufenen Verwirrung zu steuern — der zeitlichen Ordnung der Rechtsverhältnisse dienen sie, und damit denn auch demjenigen, dessen Väter und Vorväter den Namen mit Ehren geführt haben, zur heilsamen Erinnerung. Aber es hat auch außerdem jede Familie in ihrem Namen ein Stück ihrer Geschichte, und derselbe kann manchen, wenn er nur des Namens, den er führt, recht inne werden will, vor Übermut und Hochmut, wie vor Kleinmut und Mißmut bewahren, manchem zur Ermutigung helfen. Wer Becker oder Wagner, Bauer oder Schreiber, Müller oder Fischer heißt, hat seine Vorfahren und die Wurzel seines Lebens in einem Stande, der nach dem alten wahren Sprichwort einen goldnen Boden hat, und den Gott niemals hat verderben laßen; hat er den rechten Sinn des Standes, aus dem er stammt, so wird auch ihn Gott der Herr, der ihm den Namen mit auf den Weg des Lebens gegeben hat, nicht verderben laßen.

Indes auch abgesehen hiervon gewährt die Betrachtung der Familiennamen ganz im Allgemeinen manchen Nutzen und für manche viel Vergnügen. Sie sind, wie wir wissen, vor drei- bis vierhundert Jahren entstanden, wenigstens in den Familien fest geworden, und zeigen uns also, wenn wir sie uns genauer ansehen, eine große Menge von Zuständen des Lebens, von örtlichen und häuslichen, von bürgerlichen und geselligen oder auch nur sprachlichen Verhältnissen, welche uns jetzt völlig fremd geworden sind, woher es kommt, daß uns viele Familiennamen so seltsam und wunderlich erscheinen. Es tritt uns schon in diesem einzelnen Familiennamen eine ganze Welt der Vergangenheit wie aus dem tiefen Dunkel entgegen, so daß wir ein nicht unbedeutendes Stück unserer sogenannten Culturgeschichte ganz allein an den Familien- oder Geschlechtsnamen herabbuchstabieren können.

Manchen gewährt nun eben dieses Buchstabieren, und gar nicht mit Unrecht, allein schon Vergnügen oder wenigstens Ergetzlichkeit, und zu dem Ende wollen wir einige Proben von diesem Geschichtsbuchstabieren, d. h. von dem Entstehen und der Bedeutung der Familiennamen geben. Über das Buchstabieren werden wir freilich nicht hinauskommen, denn eine ordentliche Betrachtung der Geschlechtsnamen wäre in der Tat und in vollem Ernste eins der allerwichtigsten Stücke unserer inneren Geschichte, welches wir hier doch nicht abhandeln können. Zu dem Ende wollen wir auch alle gelehrten Beweise weglaßen und unsere lieben Leser bitten, uns vor der Hand auf das Wort zu glauben, einmal, daß es wirklich solche Namen gibt, wie wir sie hier aufführen werden, auch wenn wir nicht bei jedem derselben angeben, wann und wo er vorkomme, und sodann, daß sie in der Tat auf dem Wege entstanden sind und die Bedeutung haben, welche wir angeben.

Die Familien- oder Geschlechtsnamen sind entstanden: erstlich zum Teil aus wirklichen Namen (Personennamen, Eigennamen), welche heut zu Tage als sogenannte Vornamen gelten, und zwar sowol aus fremden als einheimischen; sodann sind sie hergenommen von der Herkunft und Wohnstätte; drittens — und deren Anzal ist die größte — von Beschäftigungen, Gewerben und Ständen; viertens, zu einer weit geringeren Zal, von Eigenschaften; fünftens von Werkzeugen und Geräten; sechstens von Thieren; siebentens von Pflanzen; achtens von Speisen; neuntens von Gliedern des menschlichen Körpers; zehntens von Kleidungsstücken; elftens von Naturerscheinungen; und zwölftens gibt es eine sehr große Menge von Familiennamen, welche zwar genau genommen unter die vierte Klasse gehören und Eigenschaften bezeichnen, aber ganz besonders gebildet sind, nämlich einen ganzen Satz, und zwar einen befehlenden, umfaßen (Imperative als Eigennamen), wie z. B. die Familiennamen Abhau oder Hauto (d. i. hau zu!).

Von einer jeden dieser Klassen wollen wir einige Beispiele geben.

I.

Fremde Eigennamen als Familiennamen.

Unter den fremden Eigennamen verstehen wir hier ausschließlich die biblischen Namen, hebräischen und griechischen Ursprungs, und die Namen der alten christlichen Märtyrer und Bekenner, griechischen und lateinischen Ursprungs, welche in Deutschland mit oder nach der Einführung des Christenthums eingeführt wurden. Diese sind am frühesten und häufigsten in Niederdeutschland im Gebrauche gewesen und zeigen darum eine Menge von Entstellungen, wie dieselben aus der niederdeutschen (plattdeutschen) Mundart hervorzugehen pflegen, so daß es einem Hochdeutschen ganz seltsam und auf den ersten Blick fast unglaublich vorkommt, wie solche Namen aus solchem Ursprung haben entstehen können. Gewöhnlich bleibt im Niederdeutschen die erste Silbe des fremden Namens ganz weg, während sie im Hochdeutschen meist beibehalten und dagegen am Ende eine Abschwächung oder Kürzung vorgenommen wird. So wird der hebräische Name **Matthias** im Hochdeutschen in **Matheis, Mathes, Mades** (latinisiert **Mathesius**) verkürzt, im Niederdeutschen aber nur in der Zusammensetzung **Matthisson, Mathiesen, Mattesen** (des Matthias Sohn) mit seiner ersten Silbe beibehalten, außerdem mit Wegwerfung derselben in **Thias**, **Thies**, **Theiß**, **Deiß**, **Deist** entstellt. Aus **Andreas** wird im Hoch- und Mitteldeutschen **Enders** (auch mit Zusammensetzungen wie **Jungendres**), im Niederdeutschen aber **Dräwes**, **Dreves** (ein im Lippischen, in der Grafschaft Hoya u. s. w. gar häufig vorkommender Familienname); aus **Ambrosius** macht der Hochdeutsche den Familiennamen **Ambrosch**, der Niederdeutsche **Brose**, **Brese**, mit Verkleinerung **Broßke**, **Bröske**; aus **Jakob** wird hochdeutsch **Jackel**, **Jäckel**, **Jecklin**, niederdeutsch aber **Kopeke**, **Köpken**, **Köpke**, **Köppen**, **Koppe**. Aus **Bartholomäus** wird niederdeutsch **Moves**, **Möves**, **Möbius**; aus **Erasmus**: **Rasmus**, **Asmus**, **Rasmann**, **Asmann** (beide letztere meist mit ß geschrieben); aus **Gregorius**: **Görres** (während die hochdeutschen Entstellungen dieses Namens Greger, Gräger, Kräger, Kröger lauten); aus **Liborius**: **Borries** und **Börries**; aus **Apollonius**: **Plönnies**; aus **Philippus**: **Lips**, **Lipsius**, **Lepsius**; aus **Thomas**: **Thomasius**, **Masius**, hochdeutsch aber **Dommes**, **Thoms**, **Thom**, **Thomann**; aus **Joachim**: **Achim**, **Chim** und **Kimm**, während der Hochdeutsche **Jochen** und **Jöcher** daraus macht. Aus **Nikolaus** wird hochdeutsch **Nickel** (mit den Zusammensetzungen Jungnickel, Langnickel, Kurznickel), niederdeutsch aber **Claus**, **Clabs**, **Clos**, **Kloß**, **Clausius**, **Clossius**, **Klobus**, **Jungclaus** und **Jungclas**. Ebenso ist **Tönnies**, **Dönges**: Antonius, **Neljes**, **Neels**, **Niels**: Cornelius, **Dörries**: Isidorius, **Karjes**, **Karges**: Zacharias, **Lies**, **Leise**: Elias, sodann **Töwes**, **Debus**: Tobias, **Sander**: Alexander, **Stebel**: Stephan, **Lex**: Alexius u. s. w.

Der Name **Christian**, eigentlich ein Beiwort, wurde auch im Deutschen als ein deutsches Beiwort behandelt und lautete als solches Christan (man sagte in ältester Zeit nicht:

ein Christ, sondern ein Christen, wie wir noch jetzt ein „Christenmensch" sagen), und aus dieser sehr alten Zeit stammen noch die Familiennamen **Christan** und **Christen**. Im Niederdeutschen aber, wo man auch bernen statt brennen und Kerse oder Kersche statt Kresse spricht, spricht man das Wort Christen **Kersten** aus, oder gröber **Karsten**, und diese Namen sind mit ihren Nebenformen **Kerst, Karst, Kesten, Kasten** in Niederdeutschland sehr weit verbreitete Familiennamen. **Kersting** bedeutet, wie alle auf —ing ausgehenden Namen, den Sohn oder Nachkommen eines Kersten, den kleinen oder jungen Kerst; der Vater hieß Kerst, der Sohn aber Kersting, und zu des Sohnes Zeit trug es sich zu, daß die Familiennamen fest wurden, weshalb nun auch seine Nachkommen diesen Namen, der eigentlich nur ihn genau bezeichnete, fortführten. Ähnlich verhält es sich mit der Zusammensetzung **Jung** oder **Klein**: der Vater hieß Andreas, der Sohn, welcher denselben Namen in der Taufe empfangen hatte, Jungandres, der Vater Claus, der Sohn Jungclaus, der Vater Michel, der Sohn Kleinmichel, und zu den Zeiten der Söhne trat nun eben das Festwerden der Familiennamen ein, so daß nun Jungclaus und Kleinmichel, Jungcurt und Kleinpaul, Junghans und Junghenn, Kleinhans und Kleinhenn auch der ganzen Nachkommenschaft des eigentlichen Jungclaus und Junghans u. s. w. zu Teil wurde. Übrigens sind es meines Wissens nur die eben genannten Fremdnamen Andreas, Nikolaus, Michael, Paul und Johannes, sowie die einheimischen Namen Konrad (Kurt und Kunz) und Heinrich (Heinz), welche Patronymica mit Jung und Alt, Klein und Groß bilden.

Sehr häufig sind dagegen unter den Fremdnamen die Abstammungsbezeichnungen, welche mittels des Genitivs be=

wirkt werden. Meistens ist es der lateinische Genitiv des Namens des Vaters oder Großvaters, welcher den neuen Familiennamen bildet; einen vollständigen Beleg dazu gewährt der Familienname **Petrikind**; bei den übrigen fehlt zwar „Kind" oder „Sohn", der Nachweis dieses Ursprungs ist aber sonst zu erbringen, wenn er nicht schon auf der Hand läge. So nannte sich der bekannte Kirchenliederdichter Philipp **Nikolai** nach seinem Großvater, welcher Nikolaus geheißen hatte, während sein Vater sich nach dem Namen seiner Geburtsstätte, eines Hofes in Westphalen, Dietrich **Rafflenboel** genannt hatte. Dergleichen genitivische Familiennamen sind äußerst häufig; **Aegidy** (d. h. Aegidii), **Augusti, Bartholomai, Christiani, Caspari, Cyriaci, Georgi, Hieronymi, Jakobi, Josephi, Justi, Laurenti, Matthäi, Pauli, Petri, Stephani; Adä, Bartholomä, Lucä, Matthiä, Thomä, Zachariä; Michaelis, Davidis.** Ja es findet sich auch der Vorname des Stammvaters mit dem genitivischen Namen des Urvaters zu einem Familiennamen verschmolzen, wie in **Henricpetri** (deutsch **Hinzpeter**). Indes auch der deutsche Genitiv wird zu solchen Patronymen verwendet: **Pawels** (Pauls Sohn), **Peters, Paulsen, Petersen** (Pauls, Peters Sohn) u. dgl. m.

In nachtheiliger Weise hat aber jener Gebrauch des lateinischen Genitivs mittels Latinisierung des deutschen Namens auch stark in die folgende Klasse der eigentlich deutschen Personennamen eingegriffen: **Arnoldi, Burghardi, Bernhardi, Dieterici, Eberhardi, Ernesti, Friederici, Gebhardi, Henrici, Hermani, Conradi, Leonhardi, Ludovici, Rudolphi, Ruperti, Ulrici, Wilhelmi** u. a. Es sind dieß undeutsche und durch die widrige Verschiebung der naturgemäßen Betonung wahrhaft häßliche Entstellungen der deutschen Namen.

Alle diese Namen sind, wenn man anders die Fremdnamen selbst überhaupt nur kennt, leicht oder doch ziemlich leicht wieder zu erkennen. Aber es gibt auch Namen, welche, zumal im Niederdeutschen, so entstellt werden, daß man schon in viel alten Schriften und Urkunden sich wol umgesehen haben muß, um zu wissen, woher sie stammen und wie sie eigentlich lauten. Wer wird z. B. denken, daß der häufige, auch in Hessen vorkommende Name **Gille** eine, und zwar hochdeutsche Entstellung von **Aegidius** ist? Oder wer wird glauben, daß die Namen **Harms** (Hermes, Harmsen) und **Grolms** (Krollmes, Krummes), von denen der erste in Niederdeutschland, der andere in Mitteldeutschland (Meissen) häufig ist, einer und derselbe Name, und daß sie beide aus **Hieronymus** entstellt sind? Und wer glaubt wol, was aus **Cyriacus** geworden ist? Daraus ist aber zunächst **Ciriax**, dann **Ciliax**, dann **Zilges** (**Silges**), dann **Züllich**, **Zülch**, **Zilcher**, **Zöll** und **Zoll** geworden — lauter Namen, welche auch bei uns wol bekannt sind.

Derjenige Fremdname, welcher auch als Vorname wol immer der verbreitetste ist, **Johannes**, hat als Familienname gleichfalls die weiteste Verbreitung und die mannigfachste Gestaltung, meist durch Zusammensetzung, erfahren, so daß sich mehr als hundert Familiennamen aufzählen laßen, welche sämtlich aus Johannes gebildet sind. In seiner vollen Form ist er zwar nicht sehr häufig: **Johannis**, **Jungjohann**, **Engeljohann** und einige ähnliche gehören dahin; dagegen sind die drei Verkürzungen: **Haus**, **Henne** und **Jan** (Jahn) ungemein vielgestaltig. Da findet sich Hannes, Hanjes, oder mit dem Umlaut Hennes und Hennjes, und mit der Verkleinerung Hensel und Aneshänsel (d. h. das Häns chen des Ahni, des

Großvaters), Althans und Junghans, Großhans und Kleinhans, Fritzhans (auch Fritschhans, d. h. der Sohn Hans des Vaters Fritz oder Fritsch), Ilkenhans, Josenhans, und Elsenhans (der Sohn Hans der Ilke oder Eilika, der Josepha, der Else), Fuhrhans und Stallhans, Speerhans und Speckhans, Guthans, Langhans oder Langerhans, Meisterhans, Gramhans, Schwarzhans, Guldenhans und Kompenhans (das letzterwähnte Wort bedeutet: Hans der Geselle). Ja es finden sich sogar die Diminutive **Johäntgen** und **Häns**chen, niederdeutsch **Henske**n, als Familiennamen. Sonst ist die zu Familiennamen häufig verwendete niederdeutsche Verkleinerung von Hans: Hannecken, Hanneke, Hanke. Zu der Form **Henne** gehören z. B. die Namen Junghenn, Großhenn, Kleinhenn, Burhenne oder Bauerhenne, neben welchem auch Schmitthenne, Weberhenne, Opperhenne und viele andere vorkommen, sodann Hülzenhenn, Hetzehenn, Wiesenhenne u. s. w. Zu Jan oder Jahn gehören Jähn und dessen Verkleinerungswort Jäncke, Wiesjahn (wie Wiesenhenne, der Johann, welcher auf der Wiese wohnt), Schönjahn, Fuljahn (der schöne Johannes, der faule Johannes), Hansemann, Hennemann und dergleichen mehr.

Manche dieser Fremdnamen erfahren auch Zerdehnung: **Paul** wird in **Pawel, Pabel, Laurentius** (Lorenz) in **Laberenz, Lucas** in **Lucaus** zerdehnt; dagegen erfahren manche auch Zusammenziehung in deutscher Weise, wie z. B. **Lorenz** sehr gewöhnlich in **Lenz, Lucas** in **Lauck, Laux** zusammengezogen wird.

II.

Einheimische Namen als Familiennamen.

Die aus einheimischen Namen (Vornamen) gebildeten Familiennamen sind die ältesten unter allen, und reichen zum allergrößten Teil, wo nicht allesamt, nicht allein in die Zeit vor Karl dem Großen überhaupt, also vor der Einführung des Christenthums, sondern in die Zeit der Völkerwanderung, manche auch noch weit höher hinauf, und sind somit etwa 1500—1900 Jahre lang in lebendigem Gebrauche des Volkes, was man von den Namen keines einzigen Volkes, mit Ausnahme des jüdischen, rühmen kann. Dieser ältesten Namen sind uns übrigens viele Tausende aufbewahrt worden, von denen viele noch jetzt als Vornamen gebraucht werden, viele als Vornamen zwar außer Gebrauch gekommen sind, aber noch als Familiennamen dienen, viele andere freilich auch gänzlich sich verloren haben. Die einheimischen alten Namen beziehen sich allesamt auf den Krieg und den Kampf, auf den Sieg, den Kriegsruhm und die Kriegsmacht, und damit zugleich oft auf die heidnischen Gottheiten unserer Altväter, welche als Kriegsgötter verehrt wurden. So führen wir denn noch jetzt Kriegernamen und Heldennamen, freilich ohne sie zu verstehen, und sprechen sogar in sehr vielen

Worten, Ausdrücken und Redensarten noch eine Sprache des Kriegs — freilich gleichfalls, ohne ihren Sinn, den wir ganz wo anders hin gewendet haben, zu faßen. Denken wir doch nicht mehr daran, daß z. B. der Ausdruck „Aufhebens machen" vor kaum zweihundert Jahren ein ausschließlich dem Zweikampfe dienender Ausdruck war, wie sollten wir uns erinnern, daß vor eintausend Jahren „erfahren" nichts anderes geheißen habe, als alle Lande als Kriegsheld durchziehen.

Doch auf die Bedeutung der alten deutschen Namen können wir uns hier nicht einlaßen; es mag genug sein, wenn wir anführen, daß es noch heut zu Tage in unserer Umgebung Familiennamen gebe, welche geradezu alte heidnische Gottheiten unserer Väter (mythische Wesen) bezeichnen, und niemals eine andere Bedeutung gehabt haben. Dergleichen Namen sind **Iring, Erman, Wieland** und **Mihm** oder mehr verneudeutscht **Meim**, welcher letztere Name auf der Rhön und zu beiden Seiten derselben vorkommt, und welcher, aber verdunkelt, sich sonst nur noch in einigen Ortsnamen: Meiningen, Memleben, Minden (aber nicht etwa in Meimbressen, welches letztere Wort ganz andern Ursprungs ist) erhalten hat.

Wir wollen uns vielmehr nur, wie wir es auch mit den aus fremden Eigennamen entstandenen Geschlechtsnamen gemacht haben, mit der Gestalt, mit den Umbildungen, Abkürzungen, Ableitungen und Zusammensetzungen unserer einheimischen Namen beschäftigen, durch welche denselben allgemach und zuletzt gänzlich das Gepräge von Vornamen genommen und die Eigenschaft von Familiennamen verliehen worden ist.

Da finden wir nun vor allem eine, nur in Oberdeutschland einheimische Art von Abkürzung der Namen, welche in der vertraulichen und scherzhaften Sprache galt und noch jetzt bei einzelnen Vornamen gebräuchlich ist, in alter Zeit aber bei den meisten vorkam. Es ist die, daß man statt der zweiten Silbe des Namens kurzweg die Silbe **—ze** setzte. So wurden aus Friedrich: **Fritze** (nachher Fritz, nur in Sachsen und Thüringen spricht man noch Fritze) und mehr niederdeutsch **Fritsche** und **Fritsch**, aus Bernhard: **Pertz** und **Betz** (woher auch der Bär in der Fabel scherzweise Petz oder Betz heißt), oder mehr niederdeutsch **Persch, Bersch, Börsch, Petsch**; aus **Barthold: Barz** und **Bartsch, Barsch**, aus **Konrad: Kunz** und **Conz**, aus **Gottfried: Götz**, aus **Gerhard: Görz**, aus **Heinrich: Heinze, Heutze, Heinz**, aus **Meinhart: Menz** und **Merz**, aus **Hartrat** (Hartert): **Harz**, aus **Rüdiger** (Rüttger, Röttger): **Ruetz** und **Rütz**, aus **Richard (Reichard: Ritz** und **Reiz**, aus **Dieterich: Dietz**, aus **Siegfried** (Seifried): **Seitz**, aus **Ulrich: Utz**, aus **Volkmar** (Volmar): **Volz**, aus **Wilhelm: Wilz** oder **Wilß**, aus **Reinhard: Renz**, aus **Ludwig: Lutz** (Lotz) u. s. w.

Eine Verkleinerungsformel im Hochdeutschen ist ferner bekanntlich die Silbe **—el**, und auch diese wurde an die erste Silbe der Vornamen, mit Weglaßung der zweiten, angehängt, hin und wieder auch erst an jene Verkürzungen mit **—ze** angefügt, und aus den so veränderten Vornamen entstanden dann Geschlechtsnamen. So wurde aus **Gerhard: Gerl, Gerle**, aus **Gebhard: Gebel, Göbel**, aus **Markwart** (Markert): **Markel, Merkel**; aus **Meinhart**, woraus schon **Menz** geworden war: **Menzel**, aus **Romwald** (Römhold, Römheld): **Rommel**, aus **Ruprecht** (Ruppert, französisch

Robert): **Ruppel** und **Rüppel**, aus **Sigewald** (Siebald, Siebold, Sebald, Seebold): **Seubel**, **Seibel** und **Sippel**, aus **Dietwald** (Diebold, verderbt in ein halb griechisch sein sollendes Ungeheuer Theobald): **Diebel**, **Deubel** und **Dippel**, aus **Dietrich**: **Thiele**, **Thilo**, **Thele**, **Diel**, **Döhle**, aus **Gundbrecht** (Gumprecht, Gumpert): **Gumbel**, **Gumpel**, **Kümpel**, **Kimpel**; aus **Werner**: **Werl**, **Wörl**, aber auch, und zwar in sehr alter Zeit bereits: **Wetzel** und **Witzel**, aus **Wigand** endlich **Wiegel**, **Weigel**, und dieß latinisiert in **Vigelius**.

Eine niederdeutsche Verkleinerungsformel ist dagegen —kin (verschlechtert in kind und king), ken, ke. Diese wurde gleichfalls an die bereits abgekürzten Namen angehängt. Solche Bildungen sind **Hennike**, **Heinicke**, **Henneke**, **Henke**, **Henkel** aus Heinrich; **Ludecke**, **Lüdeke**, **Lüdke**, **Lücke**, **Lüdeking** (d. h. Sohn des Lüdeke) aus Ludwig; **Tiedge**, **Dedekind** aus Dietrich; **Gerken**, **Gerke**, **Guerike**, **Gerk**, **Görck** aus Gerhard; **Reinike**, **Reinecke**, **Reinking**, **Renke** aus Reinhard; **Fredike**, **Frederking**, **Fricke**, **Frick** aus Friedrich; **Göde** (**Goethe**), **Gödeke**, **Gödike**, **Gedicke**, **Gödeking** aus Gottfried; **Lembke**, **Lamberking**, **Lenderking** aus Lamprecht (Lambert); **Meincke**, **Menken**, **Menke** aus Meinhart; **Wilken** (hochdeutsch: **Willich**), **Wilke**, **Wilkens** (d. h. Sohn des Wilken oder Wilke), **Wilkening**, **Wille** von Wilhelm; **Wernecke**, **Werneck**, **Werneking** aus Werner u. s. w. Der zuletzt genannte Name hat in neuerer Zeit in einer Familie die seltsame Mißgestaltung Warnkönig erhalten.

Manche Namen werden auch bloß zusammengezogen, wie z. B. **Bernhard** noch jetzt als Vorname in **Bernd** zusammengezogen wird; außerdem aber wurde dieser Name auch in solcher Zusammenziehung **Berlt**, **Berlet**, **Berlit**, **Berliz** geschrieben und gesprochen, und in diesen Formen sind Geschlechtsnamen daraus geworden, wozu dann noch Zusammensetzungen wie **Großbernd, Gutberlet** u. dgl. kommen. Ebenso werden aus **Eckhart: Eckert, Egger, Eggers**; aus **Degenhart: Denhart, Dehnert**; aus **Rudolf** nicht nur **Rolf** (Rudloff, Roloff, Rolfs), sondern auch **Ruhl** und **Rude (Rüde, Rode),** aus **Radolf: Ralf** (Rahlf), aus **Adolf: Alf** und **Alef,** aus **Dietrich** neben jenem **Dietz, Thiele** und **Diede,** auch **Dierk (Dirk, Dirks, Dirksen),** aus **Sigiboto** (einem uralten Namen, jetzt **Syboth**): **Seib** und **Seip,** aus **Ulrich: Ule,** aus **Dankwart: Damm,** aus **Brunwart** (jetzt **Brumhard**): **Bromm** u. dgl. mehr. Die meisten dieser Zusammenziehungen sind zugleich Verkleinerungen. Auch finden sich von deutschen Namen Abkürzungen ganz ähnlicher Art, wie sie oben, als an Fremdnamen vorgenommen, sind erwähnt worden: aus **Arnold** wird **Nolde, Nöldeken, Nöldichen, Noll, Nöll**; aus **Berthold** wird **Tholde, Dolle, Doll.**

Vielen jener Abkürzungen wurde —**mann** hinzugefügt: Tiedemann, Tittmann, Friedemann, Ludemann, Lütkemann, Kunzmann, Kurtmann, Rullmann und Rodemann (von Rudolf), Reinemann, Ullmann, Uhlemann (von Ulrich), Thielemann (von Thielo) u. a. Dieser Zusatz hob die Verkleinerung, welche in Diede, Friede, Kunz u. s. w. lag, wieder auf, man nannte den Diede, z. B. wenn er erwachsen und etwa verheiratet war, Tiedemann. Das geschah im 14.—15. Jahrhundert, und viel jünger mögen auch die also gebildeten Familiennamen nicht sein.

Am reichsten mit Abkürzungen, Verkleinerungen und Zusammensetzungen versehen sind die Namen **Konrad** und **Heinrich.** Ersterer hat die Zusammenziehung **Kurt** und die

Abkürzung **Kunz**; da gibt es nun Bildungen wie **Ackerkurt**, **Kurzkurt**, **Jungkurt**, **Großkurt**, **Cordemann** und **Curtmann**, **Jungkunz**, **Hofkunz** (Hoffenkunz) und **Ochsenkunz**. Letzterer Name, so lächerlich er klingen mag, war im 16. Jahrhundert der Name eines berühmten Musikers, außerdem aber z. B. 1561 eines Bauern zu Erksdorf in Hessen, dessen Sohn 1584 aber nicht wieder Ochsenkunz hieß, sondern schlechtweg Jost Ochs. Von **Heinrich** gibt es Bildungen wie z. B. **Möhlheinrich** und **Höbelheinrich** (der Heinrich aus der Mühle, vom Hofe) **Altheinz** und **Kleinheinz**, **Reinheinz**, **Oelenheinz**, **Iserheinz** (Heinrich aus Isa oder Ista), **Langheinrich** und **Langenheineke**, **Schnitthenner** und **Hofhenner** (Hohenner), **Großheinrich** und **Grotehenke**, **Wordehenke** (Heinrich vom Wurd, d. h. von der Hofstätte) und **Marheinek**, (Pferdeheinrich).

III.

Familiennamen, welche von der Herkunft und Wohnstätte hergenommen sind.

Diese Namen sind als Geschlechtsnamen die ältesten, indem zumal diejenigen Personen und Geschlechter, welche einen Grundbesitz zum Eigenthum haben, sich schon sehr frühe nach diesem ihrem Grundbesitz nannten, und wenn derselbe lange bei einer und derselben Familie blieb, die ganze Familie in allen Verzweigungen denselben annahm und für alle Zeiten festhielt (wie die adliche Familie von Lüder diesen ihren von dem Ort Großenlüder hergenommenen Namen nahe an tausend Jahre bis zu ihrem Erlöschen geführt hat), wogegen, wenn eine Familie zeitig den einen Grundbesitz aufgab, sie in früheren Zeiten damit auch ihre von demselben hergenommene Benennung fahren ließ und den Namen von dem neuen Grundbesitz annahm. So hießen die Schenke zu Schweinsberg ursprünglich **von Marburg**, wo sie ihren Stammsitz hatten; nachher, als sie Schenken wurden und nach Schweinsberg als ihrem Hauptbesitz übersiedelten, nahmen sie ihren jetzigen Namen an. So hießen die von Löwenstein früher von Bischofshausen, von Bischhausen an der Schwalm als sie aber im 13. Jahrhundert ihre neue Burg baueten und dieselbe mit einem neumodigen Namen nannten (denn wirklich alte Burgen heißen niemals nach Löwen), nahmen auch sie den neumodigen Namen an.

Daher ist es denn gekommen, daß man das Wörtchen von als Bezeichnung und wol gar als Vorrecht des Adels ansieht, aber mit Unrecht, und oft ist es eine Lächerlichkeit. Von Grote, von Klencke u. dgl. ist nämlich nicht beßer, als wenn ich mich vom Papier oder vom Federmeßer schreiben wollte, weshalb auch die Freiherrn Grote, Klencke, Knigge, Riedesel, die Trotten u. a. in der Regel streng darauf gehalten haben, sich selbst nicht von Grote, von Knigge u. s. w. zu nennen um nicht so genannt und geschrieben zu werden. Umgekehrt gibt es gar manche Namen, welche, um die Herkunft ihrer Träger zu bezeichnen, mit dem Worte von verbunden sind, ohne daß sie darum Bezeichnungen des adligen Standes wären oder jemals gewesen wären. Die bei uns vorkommenden Geschlechter von Hof, von der Heid, von der Au, von der Herberg, vom Schloß, vom Berg u. s. w. haben keinen Anspruch auf adligen Stand, noch machen sie denselben geltend, schreiben sich aber freilich seit längerer Zeit, um jede Collision mit dem Adel zu vermeiden, Vonderheid, Vomberg. Das von soll man ihnen aber laßen, denn das gehört zu ihrem Namen. Von vielen andern Namen ist es längst von selbst abgefallen, nachdem die Ursache seiner Hinzusetzung vergeßen worden war. So existiert z. B. in Oberhessen ein Geschlecht, dessen Vorfahr um das Jahr 1530 aus Trier kam und sich in Speckswinkel niederließ; diesen, sowie dessen Sohn und teilweise noch dessen Enkel, nannte man **von Trier**, jetzt aber heißt das Geschlecht Trier. Geschlechtsnamen, welche wie der soeben genannte, Trier, gebildet sind, gibt es sehr viele, z. B. **Frankfurt**, **Rinteln**, **Eisenach**, **Homberg** (Homburg), **Frankenberg**, **Rosenthal**, **Hattenbach**, **Hattendorf** u. s. w. und sie übertreffen an Anzal Bildungen wie **Leipziger**, **Bremer**, **Frankfurter**, **Ellwanger**, **Eßlinger**, **Hamburger**, **Kaufunger**, **Ellenberger**, **Frankenberger**. Auf keinen Fall dürfen sich jedoch adlige Familien, deren Namen gebildet sind, wie die zuletzt aufgeführten, von Leipziger, von Bremer schreiben. Seltsamer Weise aber ist den Namen mancher adligen Familien das von noch aufoctroyiert worden, während sie dasselbe oder ein gleichgeltendes Wort schon besaßen; so nennt sich eine bekannte fränkische Freiherrnfamilie **von** und **zu Aufseß**, also mit drei Präpositionen, während es an dem auf vollkommen genug wäre, und die holländische, jetzt hessische Familie der Freiherren Verschür nennt sich auch von Verschür, d. h. von von der Scheuer.

Solcher Namen, welche eine die Herkunft und die ursprüngliche Wohnstätte bezeichnende Präposition vor sich haben, gibt es, auch abgesehen von dem von, ausnehmend viele. So z. B. am Ende, am Berg, am Thor (woraus man hier in Hessen den verkehrten Namen Amthauer gemacht hat), am Rain (Amrhein), am Acker, am Bronn, am Bach, an der Linden; — aus der Mühle (jetzt, wie die meisten übrigen, Austermühle geschrieben, niederdeutsch Utermöhlen), aus dem Werd (diese detmoldische Familie hat seit kaum 40 Jahren das „aus dem" aufgegeben und schreibt sich bloß Werth), aus der Burg (Auspurg), aus dem Winkel; — auf der Mauer, auf dem Ort, auf dem Hofe (eine jetzt ausgestorbene, ehedem in Homburg und Fritzlar sehr begüterte Familie), auf dem Berge (Auffenberg), auf dem Acker; — im Grund, im Stock, im Hof, im Thurm, im Horst, in der Au; über Acker, über Weg, über Rhein, über Wasser; — vor dem Baum (Vormbaum), vor dem Schlag (Vormschlag); — zur Mühl (niederdeutsch ter Mölen, Tremöhlen), zu Rhein, zum Steg, zur Westen, zur Wonung, zum Keller, zu der Varrentrap, von welchem Namen seit langer Zeit schon das zur (ter, denn die Familie ist niederdeutschen Ursprungs: ter Varrentrap, d. h. zur Ochsenspur, zum Ochsentritt) abgefallen ist; beim Born, bei den Bornen, achterm Boil (hinter dem Bühel, Hügel), unter den Weiden, — und so noch mehrere Hunderte.

Daß eben dahin auch die Namen der Volksstämme gehören, wie Schwabe (Schwab), Baier, Frank, Hesse, Preuß, Sachs, Westfal, Flemming (d. i. Flamländer), Polender, Bolender, Pohlmann (ein Pole), Unger, Schweizer, Böhm, Oestreich (Oestreicher), Meisner, Düring (Döring), Friese (Fries), Vogtländer u. s. w., bedarf keiner Ausführung. Zu merken sind besonders folgende vier uralte Namen: **Nordermann** (Nordmann), **Westermann**, **Sudermann** und **Ostermann** (Osterling, Oesterling, Oesterley) d. h. einer der aus dem Nordlande, Westlande, Südlande, Ostlande eingewandert ist. Der appellativische Gebrauch dieser Worte kommt schon im 15. Jahrhunderte fast nicht mehr und selbst im 14. nur noch selten vor — die Familien, welche dieselben führen, mögen deshalb wol jetzt ihre guten 400—500 Jahre im Besitz derselben sein. Die bei weitem häufigsten aber sind die von den alten Stämmen des Volkes entlehnten

Namen:*) selten sind Namen wie Norweg, Crobath (Croat), Rheinländer, Elsäßer, Würtemberger, aber Namen wie Italiäner, Franzose, Badener, Hanoveraner, Hildburghäuser, Gothaer gibt es nicht, es müßten denn Hildburghäuser Heller oder Gothaer Politiker sein, welche beide, und zwar aus ganz ähnlichen Gründen, sprichwörtlich geworden sind, und in alten Zeiten auch mehr als hinreichende Veranlaßung zur Bildung von Geschlechtsnamen gegeben haben würden, wie z. B. **Minsinger** (Minschinger, Münschinger, Mensching) einen aus der schwäbischen Thorenstadt Minsingen Gebürtigen, einen Thoren (auf hessisch: einen Schwarzenbörner) bedeutete.

---

*) Hierbei ist nur hin und wieder Vorsicht nötig, um nicht durch vorschnelles Urteil in Irrtum zu geraten; so beruhen die Namen Sarrazin, Serz nnd Soldan allerdings auf wirklich saracenischer Abkunft; der Name Türk dagegen ist verschiedentlich in Türkenkriegen erworben worden.

IV.

Gewerbe, Stände, Beschäftigungen, Zustände.

Wer Augen und Lust hat, auf einzelne und kleine Dinge zu achten, der findet auch an den allergewöhnlichsten Namen, welche unter dem ungeheuern Namenheer der Gewerbenamen vorkommen, etwas zu beobachten und etwas zu lernen. So stammt z. B. der Name **Schäfer** aus Gegenden, wo man hochdeutsch, der gleichbedeutende Name **Scheffer** aus Gegenden, wo man niederdeutsch sprach, und die Nebenform **Schöffer** aus dem Gebrauche des 15.—16. Jahrhunderts in Mitteldeutschland (am Rhein), wo man das E, den Umlaut des A, in Oe verkehrte, wovon uns noch Schreibungen wie schöpfen, Schöffe, Hölle u. dgl. übrig geblieben sind. Eben so ist **Müller**, **Miller**, oder richtiger und älter **Müllner**, die oberdeutsche, **Möller**, **Moller** die niederdeutsche Form, **Mühler** aber stammt aus Gegenden, wo nicht die deutsche, sondern die slavische Sprache Muttersprache, die erstere vielmehr eine gelernte ist, wie in der Lausitz, zum Theil in den Marken, in Pommern und in Schlesien. **Schneider** stammt nur aus Ober- und Mitteldeutschland, wogegen in Niederdeutschland die in Oberdeutschland völlig unbekannte

Bezeichnung dieses Handwerks: **Schrader, Schreder, Schröder** herrschte; **Wagener, Wagner, Wegner** ist niederdeutsch, denn in Oberdeutschland wußte man und weiß man zum Theil noch jetzt nichts von Wagnern, sondern nur von Stellmachern; **Boddenbender, Bender** (Benner), **Binder** sind Ausdrücke aus dem nordwestlichen Deutschland, **Böttiche**r, **Böttner, Büttner, Bödicker, Bädcker, Bodmer** aus Mittel- und Südwestdeutschland; in den südöstlichen Gegenden findet sich **Scheffler, Scheffner, Scheffmacher.** Alle diese Gewerbenamen, wie auch **Weber, Schmidt, Fischer, Bauer, Becker** finden sich überall äußerst häufig, nur fällt es bei dem ersten Blicke auf, daß eins der gewöhnlichsten Gewerbe, das des Schuhmachens, neben denselben so spärlich vertreten sein soll, denn gegen die eben genannten Namen ist, wenigstens in Mitteldeutschland, der hochdeutsche Name **Schuster** (aus Schuhsuter, d. h. Schuhnäher, zusammengezogen) und der neuere Name des Gewerbes, **Schuhmacher**, als Geschlechtsname verhältnismäßig sehr selten. Und doch ist auch dieses Gewerbe (welches früherhin übrigens wirklich bei weitem nicht so häufig war, als das der Schneider, Schmiede, Müller u. s. w.) reichlich als Geschlechtsname vertreten, aber freilich in einer Entstellung, in welcher man es nicht wieder erkennt. In der Zeit nämlich, als die Familiennamen entstanden, war in Mitteldeutschland die Bezeichnung **Schuchworchte**, oder **Schuchwürchte** (Schuhwirker, Schuhverfertiger) die für diesen Handwerksmann übliche. Daraus haben sich denn zwei Gestalten des Geschlechtsnamens gebildet, von denen die eine das ch in der Mitte behielt und das unmittelbar folgende w unterdrückte, die andere umgekehrt das ch unterdrückte und das w behielt und verstärkte, beide aber, und noch früher, das zweite ch wegließen. So wurde denn aus Schuchworcht auf der einen Seite zuerst **Schuchwort**, und so erscheint der Name des Gewerbes wie der Geschlechter von etwa 1380 an bis über die Mitte des 15. Jahrhunderts hinaus, dann **Schuchhart, Schuchard**; auf der andern Seite zunächst **Schuhwirt**, wie der Schuhmacher noch jetzt hin und wieder genannt wird, oder mit Unterdrückung des r: **Schuhwicht**, sodann **Schuwert, Schubert, Schubart, Schuppert, Schuffert** — sämmtlich sehr verbreitete Familiennamen, welche es mit Weber, Müller und Schmidt beinahe aufnehmen können, zumal, wenn man noch die Nebenformen **Schober, Schöber, Schopper, Bauerschubert** u. a. sowie **Schuhmann** (Schuckmann, Schomann, Schömann), **Schuhgraf** (Schuhkraft), sodann die Namen **Holzschuher, Hultzscher, Hultscher, Hölscher, Hilscher**, und endlich die Formen der hochdeutschen (hochoberrheinischen) Bezeichnung des Schusters, Suter, hinzurechnet: Suter, Seuter, Sautner, Süttner, Sauter, Sautermeister u. s. w.

Manche Gewerbe, Beschäftigungen und Stände sind ganz untergegangen und geben nur noch in Geschlechtsnamen von ihrem ehemaligen Dasein Kunde; andere sind nur in gewissen Gegenden Deutschlands zu Hause, gleichwol haben sich ihre Bezeichnungen als Geschlechtsnamen weit verbreitet, so daß letztere zwar in ihrer Heimat noch jetzt verstanden werden, anderwärts aber völlig unverständlich und Vielen gar seltsam erscheinen. So gibt es eine nicht geringe Menge von meist sehr bekannten Familiennamen, welche das alte Kriegswesen, wie es noch vor der Erfindung oder dem allgemeinen Gebrauche des Schießpulvers vorhanden war, bezeichnen. Als Beispiele mögen dienen: **Fend** (Vent), ein uraltes Wort, welches den Fußsoldaten bezeichnet; **Harnisfeger**; **Schildknecht, Schildwächter** (eine „Schildwache" haben wir freilich noch, aber sie hat keinen Schild mehr zu bewachen, und ist am wenigsten, wie ehedem, ein eigenes Amt, wofür bestimmte Kriegsknechte bestimmt waren); **Schilter, Schildener,** d. h. der die Wappen auf die Schilde malte, wovon wir übrigens noch jetzt das Zeitwort „schildern" haben; **Wepler, Weppner,** die Bezeichnung des waffenführenden niedern Adlichen, welcher noch nicht Ritter war; **Schirmer,** ein Fechtmeister mit dem Schilde, auch ein rüstiger Kämpfer mit Schwert und Schild überhaupt; **Kempf,** ein Kämpfer (ähnlich: **Fechter**, **Speerfechter**, ein Name, welcher zuletzt freilich auch zum Spottnamen wurde, **Speerreiter** u. dgl.); **Bardenwerper** ist die Bezeichnung der norddeutschen und nordischen Waffe und Waffenführung; **Böckler, Pückler,** ein Schildführer, auch wol ein Schildverfertiger; **Bogner, Bögner, Böger, Beger,** ein Bogenmacher; **Werschmidt,** ein Waffenschmidt, **Armbruster** (Armbröster), ein ehedem sehr ausgedehntes Gewerbe; **Plater, Platner** ein Verfertiger der eisernen Rüstungsstücke; **Pfeilschmidt, Pfeilstöcker** (Peilstücker, Pielsticker), der Verfertiger der Pfeilspitzen und der Pfeilschäfte. **Bünger, Büngener** bedeutet, was **Trümeler** aussagt, einen Trommelschläger, und der Trompeter ist vertreten in den Geschlechtsnamen **Drommeter**, **Trompter**, **Trümpter, Trümper.** Auch der alte Name **Fenner** ist nur noch als Familienname übrig, wiewol wir noch immer Fahnen haben, und wir sagen jetzt Fähnrich, Fähndrich; indes trotz dieses verständlichen Namens trägt der Fähnrich heut zu Tage doch keine Fahne mehr.

Zu den Namen, welche von untergegangenen Geschäften und Aemtern Kunde geben, werden wir allem Anschein nach in wenigen Jahrzehnten auch den Namen **Schultheiß** rechnen müßen, von welchem es mancherlei Formen gibt: **Schultheß, Schultes, Schulze, Schulte** (latinisiert Scultetus), **Schulz** und **Scholz**, und mehrere Zusammensetzungen, wie **Schwarzschulz, Rothscholz, Kampschulte.** Diese Namen sind übrigens im südlichen und westlichen Deutschland bei weitem so häufig nicht, wie in den nördlichen und besonders in den östlichen Gegenden, wo man bekanntlich Schulze als eine Gemeinbezeichnung, wie N. N., spottweise braucht („Müller und Schulze"), und wo man, weil die deutsche Sprache eine Fremdsprache ist, Sprachungeheuer gebildet hat wie „Scholtisei" und „Erbscholtisei".

Den alten Verhältnissen der Kirche gehören Namen an wie z. B. **Kepler** (Kapuzinermönch, aber auch Gogelmönch [Kugelherr] und Augustiner), **Karthäuser, Klüsener** (Einsiedler), **Reuser** (Reusner, Reisner), d. h. Reuer, Büßer; **Stichtenot**, die niederdeutsche Form des Wortes Stiftsgenoße, womit man den Lehenbauer auf dem Stiftsgute bezeichnete; **Klosterkämper**, der Leibeigene des Klosters, welcher dessen Kamp (eingefriedigtes Landstück) bewohnte und bebaute; **Wittmer**, der Bauer, welcher den Widum, das Gott gewidmete Kirchengut bauet; **Zehender** (Zehner), der Zehnterheber; — dem Gewerbe des Bücherabschreibens **Buchfelner** (welcher die Felle zu Büchern, das Pergament, bereitet), **Pergamenter** (Permenter, Perminter), der Miniaturmaler, **Bucher** (Buchner, Büchner, Büchling), der Bücherabschreiber — alle drei Namen sind vorzugsweise, die beiden ersteren wol ausschließlich, in Oberdeutschland zu Hause, wo weit mehr als in Niederdeutschland die Kunst des Bücherschreibens und des Ausmalens der Titel und Anfangsbuchstaben zu

Hause war. **Mannshaupt** bezeichnet den Leibeigenen; — **Stöber, Stüber, Stübing, Stübner, Stiebing,** vielleicht auch **Stöpler,** den Bader, welcher eine Badestube hielt; — **Stocker, Stöcker, Sulzer,** ist der Gefangenwärter, welcher die Gefangenen in den Stock legen und sie (mit Sulze) speisen mußte; **Wißner, Wißler, Ratmann,** der Scharfrichter; — **Waldschmidt,** der Besitzer oder Betreiber eines Eisenwerks im Walde, welcher in der allerältesten Zeit zugleich auch ein Waffenschmied war; — **Landknecht** (ja nicht zu verwechseln mit Landsknecht, dem jungen Burschen vom Lande; dieser ist ein Knecht für das Land), in älteren Zeiten ein Verwaltungsbeamter, später aber etwa das, was man zuletzt Landbereiter und Kreißbereiter nannte; — **Bulller,** ein Schenke; **Leidgeber, Leidhäuser, Leidgast,** einer, der Meth (aus Honig gegohrnes berauschendes Getränk, welches auch den Namen Lithus, Leid, führte, aber mit dem Leiden nichts zu thun hat) ausschenkte, ein Haus dafür hielt oder denselben zu trinken kam; — **Breiser, Preser,** ein Schnürriemenmacher; **Lersner,** einer der Lersen, lederne Hosen, welche zugleich Strümpfe und Schuhe vertreten, verfertigte; **Klössler,** einer, der Kluffen, d. h. Zwingen verfertigte, wie dieselben vor der Erfindung der Knöpfe und Stecknadeln im Gebrauche waren; **Menger, Mengel,** ein Kleinkrämer (z. B. **Eisenmenger**), ein Zwischenhändler (**Pferdemenger, Ziegenmenger**), was man nachher auch durch **Mittler** bezeichnete; **Kräuter, Krüdener, Wurzer,** ein Kräutersucher und Arzneimittelbereiter, ein Apotheker; **Schade** endlich (**Landschade, Goldschade**) ein Räuber. — **Gaßner, Geßner,** versteht man bei uns nicht, wohl aber in der Schweiz: der Name bezeichnet einen Geißhirten; eben so wenig versteht man jetzt noch die Namen **Harder, Herder,**

Schapherder, welche einen Hirten, vorzugsweise einen Schafhirten, Schäfer bedeuten; verständlicher sind die ziemlich überall, wenn auch vereinzelt vorkommenden ähnlichen Namen **Roßhirt, Geißhirt, Ziegenhirt, Kuhhirt, Lämmerhirt (Lämmermann), Schweinhirt, Ochsenhüter (Oechsner), Pirchsteller, Schweineschneider, Nonnenmacher. Leiendecker** (Leidecker, Leidhecker) ist am Rhein und bis nach Oberhessen hinein wol verständlich, schon in Niederhessen ein völliger Fremdling: ein Schieferdecker, denn der Dachschiefer heißt am Mittel- und Niederrhein die Leie. Wir hier in Cassel verstehen so ziemlich die Namen **Gröper, Kröper, Grabner, Grapengießer**, aber schon in Marburg weiß Niemand mehr, daß sie allesamt **Töpfer** bedeuten (wiewol Grape, Groppe ursprünglich den e i s e r n e n Topf bezeichnet), und **Euler, Eiler, Eilers, Ulner**, vollends **Potter, Pütter, Pottgießer** versteht niemand jenseits Frankfurt, obgleich auch diese Namen **Töpfer** bedeuten.

Nicht unmerkwürdig sind die Geschlechtsnamen, welche sich auf die Jagd und die Waldwirthschaft beziehen. Der älteste hierher gehörige Name des Jägers ist **Waider (Weider, Weidner, Weidemann)**; er bedeutet den, welcher auf Weide, d. h. Nahrung, Speise ausgeht, und bezeichnet somit diejenigen uralten Zustände, in welchen die Jagdbeute den vornehmsten Theil der Speise unserer Vorväter ausmachte. Jünger schon ist **Jäger** nebst den Zusammensetzungen **Gambsjäger, Hasenjäger**; sodann gehören hierher die Namen **Falkner** (Felkner), **Finkler, Vogler, Hachmeister** (d. h. Habichtmeister, Abrichter der Stoßvögel); weiter **Bärenfänger, Krähenfänger, Hünerfänger, Starfänger**; endlich **Hundemann**, welches Wort den Aufseher über die Jagdhunde und die Hundejungen bedeutet, ein Amt, welches jetzt meist durch Rüdenmeister bezeichnet wird. — Die älteste Bezeichnung des Waldverwalters dauert noch in dem Familiennamen **Widemarker** (entstellt: Widemarkter) fort; derselbe bedeutet den, welcher für die Holzmark (witu bedeutet Holz) zu sorgen hat. Der Name setzt das Vorhandensein einer gemeinen Mark voraus; in den Privatwaldungen der Fürsten und des Adels waren dagegen **Holzknechte** angestellt, welche die Function der Forstlaufer, Förster und Oberförster nicht nur, sondern auch nicht wenig von den Geschäften versahen, welche jetzt nur den höchsten Forstbehörden zustehen; der Name **Holzknecht** ist noch heute als Geschlechtsname nicht ganz selten, wenn auch nicht so häufig wie die Namen **Förster (Vorster, Forstner, Förstner), Waldförster, Holzförster** und **Forstmeister**; letztern Namen führte eine uralte adlige Familie, welche in den ersten Jahren dieses Jahrhunderts ausgestorben ist, von ihrem ursprünglichen Amte: die **Forstmeister von Gelnhausen**; sie waren über den Kaiserforst (Friedrichs des Rothbarts) von Gelnhausen gesetzt. Zeugen für die ehemaligen (schon im Laufe des 16. Jahrhunderts beseitigte) verschwenderische Waldwirthschaft sind die Geschlechtsnamen **Aschenbrenner** und **Aschenbrand**, desgleichen **Aescher, Escher, Aschermann.** Dieselben bezeichnen ein eigenes Gewerbe, welches darin bestand, ganze Waldstrecken niederzubrennen, bloß um — Asche zu gewinnen, theils für die Glashütten, theils für die Seifensiederei.

Die gewöhnlichen Gewerbsnamen, wie Bauer, Meier, Schmid u. dgl., zeichnen sich durch eine große Menge von Zusammensetzungen aus; so haben wir neben **Weber** nicht allein die Namen **Wollenweber** und **Leineweber**, sondern auch **Rosen**-

weber, **Vestweber** und **Dünnweber**, der **Becker** aber schon eine große Menge: **Weckbecker**, **Semmelbecker** (dieß in Niederdeutschland), **Kuchenbecker**, **Stollenbecker**, **Weißbecker**, **Schlichtbecker**, **Schleenbecker**, **Rinkenbecker**, **Waterbecker**, **Dörrbecker**, **Laugbecker**, **Ekenbecker** (einer der schiffförmiges Gebäck, Hornaffen, backt) u. dgl., und neben dem mehr niederdeutschen Becker haben wir auch das oberdeutsche **Beck**, und auch davon mancherlei Zusammensetzungen, z. B. **Brodbeck**, **Matzbeck**, **Hofbeck**, **Eichelbeck**. Auch **Bauer** (richtiger **Baur***), wie der Familienname auch meist geschrieben wird), hat eine ganze Menge von Zusammensetzungen, z. B. **Gebauer**, d. h. Mitwohner, Nachbar (von denen, die das Wort nicht aus dem Leben kennen, lächerlicher Weise Geebauer gesprochen), **Großgebauer**, **Armbauer**, **Mühlbauer**, **Litzebauer** (kleiner Bauer), **Ledebur** (Bauer auf der Lede, d. i. Heide), und **Neubauer**, dieß in vielerlei Formen: **Neigebauer**, **Niebuhr**, **Neuber**, **Naubert** u. s. w. **Baumann** und **Burmann** sind andere, den Begriff Bauer ausdrückende Geschlechtsnamen. Aehnlich verhält es sich mit einer andern Bezeichnung des Bauern, **Meier**: **Neumeier** (Niemeier), **Doppelmeier**, **Centmeier**, **Lindenmeier** (zunächst zwar ein Meier, welcher bei der Linde wohnt, dann aber auch der erfahrene Osnabrückische Schöppe, der bäuerliche Rechtsgelehrte, welcher unter dem Lindenbaum die Bauerschaft versammelte und ihr das Recht wies; dasselbe

*) Wir haben uns nämlich seit etwa 150 Jahren nach und nach übler Weise angewöhnt, statt Maur, Baur, saur, Feur, theur: Mau-er, sau-er, Feu-er zu sprechen und zu schreiben, so daß wir jetzt den Landbauer weder von einem Vogelbauer noch von einem Häuserbauer zu unterscheiden im Stande sind. Baur bedeutet eigentlich auch gar nicht einen Landbebauer, sondern schlechthin einen Wohner.

bedeutet **Lindemann, Linnemann**), **Redemeier** (Rehtmeier, von ähnlicher Bedeutung), **Besenmeier** (Kastenverwalter, welcher den Spelt oder Dinkel der Stiftung zu verwalten hat), **Kapmeier**, von etwa ähnlicher Bedeutung, **Münchmeier** (Mönnekenmeier), der Pachter des Gutes eines Mönchklosters, **Hofmeier** (Hohmeier), **Brinkmeier**, **Dreckmeier** und etwa noch ein Hundert anderer Meier, unter denen allen keiner sich so berühmt gemacht hat, als seit 1848 der **Piepmeier**, so daß sein Namen wieder zum Gemeinnamen (Appellativum) geworden ist, nachdem ihn der verstorbene Immermann aus seiner Verborgenheit der Kasseler Wachtstube hervorgezogen, und der weiland Reichsminister Detmold in der Frankfurter Nationalversammlung unsterblich gemacht hat. In der Wirklichkeit bedeutet übrigens Piepmeier einen Kleinbauern, der am Röhrbrunnen (an der Pipe) wohnt. Beinahe eben so reich wie der Name Meier ist der Name **Schmidt** versehen. Da gibt es **Schmidlin** und **Schmidts** (Schmitz), welche beide den Sohn des Schmid bedeuten (der Vater des bekannten Concordienformelvaters, Jakobs Andreä, war ein Schmid und hieß Andreas, und so lange der Sohn das Handwerk des Vaters trieb, hieß er Schmidle und Schmidlin, der kleine Schmid, nachher nannte er sich aber nach dem eigentlichen Namen des Vaters, Andreä, d. h. Sohn des Andreas), da gibt es **Schmidtchen** und **Schmidtmann**, **Bauerschmitt** und **Eisenschmid**, **Hufschmid**, **Kleinschmid** (Schloßer) und **Kaltschmid** (Keßelflicker), **Jägerschmid**, **Thorschmid** und **Heiligenschmid** (d. h. Klosterschmid), **Meßerschmidt**, **Pfannschmid**, **Pinnschmid**, **Stahlschmidt**, **Scharschmid** und **Sensenschmid**, **Langschmid** und **Gutschmid**, **Pusterschmid** (Blasbalgverfertiger), **Döppenschmid** und **Wurstschmid**, alle bald mit d, bald mit dt, bald mit tt geschrieben, je nachdem man mehr niederdeutsch oder mehr hochdeutsch zu schreiben Lust hat. Heut zu Tage schmieden wir zwar keine Töpfe mehr und noch weniger Würste, aber zu der Zeit, als diese Geschlechtsnamen entstanden, wurde schmieden von jeder künstlichen Verfertigung gebraucht, und so schmiedete man denn auch im Fuldaer Lande, in Döppengiesel, Töpfe (denn dort ist der Name Döppenschmid unter andern zu Hause) und im bayerischen Lande Würste.

Unter diesen Namen von Gewerben, Ständen, Beschäftigungen und Zuständen gibt es nun vorzugsweise viele Spott- und Schmachnamen, welche an den Geschlechtern derer, welche zuerst damit behaftet wurden, hängen geblieben sind. Manche sind leicht verständlich, so werden wir z. B. die Namen **Angstmann** und **Ausrißer** nicht zu erklären brauchen, denn deren haben wir Anno 1848 genug gesehen, und man sah es ihnen sogar an der Nase an, daß sie so heißen, wenn man auch nicht wußte, wie sie sich schrieben. Andere sind jetzt ganz oder zum Theil unverständlich geworden; so bedeutet z. B. **Streicher** einen terminierenden Bettelmönch, **Blettner** spottweise einen katholischen Geistlichen (von der geschorenen Platte), **Himmelseher** und **Himmelheber** einen Mönch von den strengeren Observanzen, nachher auch einen Selbstkasteier und frommthuenden Augenverdreher; **Weckeßer** einen Reformierten, weil diese Wecke statt der Hostien gebrauchen; **Fleischfreßer** (ein in Pommern nicht selten vorkommender Name) ist ein Schimpfname, welchen die Zwinglianer den Lutherischen gaben (diese beiden sind mit die allerjüngsten Geschlechtsnamen, die ich gefunden habe); **Speckäter** bezeichnet einen Menschen geringen Standes, weil in Norddeutschland der Speck die gewöhnliche Fleischspeise der Tagelöhner war und großenteils noch jetzt ist. **Klappert** bedeutet einen Schwätzer, **Kistenfeger** einen Dieb, **Göikingk** einen Possenreißer und Narren, **Hutschenreiter** und **Pfützenreiter** einen Mann, der als Mann noch ein kindisches Kind ist, **Pfennigkaufer** einen Bettler, **Geude** und **Zerrenner** einen Verschwender, **Fraß** (ein uralter An- und Geschlechtsname), **Platzfreß** und **Rindfraß** erklären sich von selbst als derbe Bezeichnungen eines ungewöhnlich Unmäßigen, **Lappe, Huster** und **Schilcher (Schiller)** sind Spottnamen für körperliche Gebrechen; **Beischlag, Stichling** und **Bastard** sind gleichbedeutend; Stichling bedeutet übrigens eigentlich das Phantom (menschliche, aus Lumpen gebildete Figur), welches bei dem Rennstechen gebraucht wurde, und darnach erst das Hurkind. Einer der anzüglichsten Namen, welcher aber ehedem nicht ganz selten, im Hennebergischen noch bis über die Mitte des 17. Jahrhunderts, vorkam, war **Herrnschwager** (der ein ehebrecherisches Weib hat, Hanrei eines Vornehmen). **Valand** (Voland) bedeutet Teufel, wie denn auch der **Teufel** selbst, so wie der Teufel in Menschengestalt, **Manteufel**, Geschlechtsname hat werden müßen; ja in Gershausen bei Kirchheim gab es im 15. Jahrhundert eine Familie, welche den Namen **Teufelskind** führte, vermutlich als Abkömmlinge einer berüchtigten Hexe. Einen der auffallendsten Namen dieser Art aber führt ein schlesisches, in und um Großglogau angeseßenes Adelsgeschlecht: **Pförtner von der Hölle**. Aehnlich ist: **In der Hell**, gleichfalls der Name eines jetzt ausgestorbenen adelichen Geschlechts. Spottnamen für Handwerker finden sich am meisten unter den Imperativen (wie Zickendraht, Zerrleder, Leckleder), aber auch hier findet sich eine Anzahl solcher Schmitznamen, z. B. für den Böttner

Büddenklepper, für den Schmid **Pinkepank** (ein Familienname, welcher in und um Göttingen noch heute vorhanden ist), oder für einen Musicus **Gingangk**, ein ehedem in Homburg vorhandener, jetzt ausgestorbener Name, **Gaugengigl** und **Giegengack**, ein bei Allendorf an der Werra noch heute üblicher Familienname; er bedeutet einen Bierfiedler, also eben das, was **Bratengeiger** bezeichnet, welches auch ein Familienname im Thüringer Walde war oder noch ist; ich selbst habe einen Inhaber dieses nicht beneidenswerthen Namens gekannt. Spottnamen sind ohne Zweifel auch **Frauenknecht, der Mägde,** (ancillarum, ein im vierzehnten Jahrhundert in Hessen öfter erscheinender Name) und der noch jetzt vorhandene Name **Mägdefrau.**

Schließlich noch den ehemaligen Namen für Anatom: im Jahre 1755 war Hof- und Burgpfarrer zu Wien Joseph **Leichnamschneider.**

V.

Eigenschaften.

Die zu Geschlechtsnamen verwendeten Eigenschaftswörter oder Adjective wurden ursprünglich nicht so schlechthin (abstract) wie jetzt, sondern als specielle Bezeichnung des zu Bezeichnenden (concret) verwandt, z. B. sagte man nicht, wie heut zu Tage: Heinrich Fremd, sondern: Herr Heinrich der Fremde; nicht: Heinrich Roth, sondern Herr Heinrich der Rothe, Ludwig der Weiße, Johann der Weiße, Johann der Gute (de Goede, jetzt Goddäus), Friedrich der Lange u. s. w. Daher kommt es denn, daß viele dieser aus Adjectiven entstandenen Geschlechtsnamen zweierlei Formen haben: Lange und Lang, Weiße und Weiß, Reiche und Reich, Fromme und Fromm, Kurze und Kurz; die erste dieser beiden Formen ist die ältere und beßere, die zweite aus allmählichem Vergeßen der ursprünglichen Verhältnisse und daher rührender Abschleifung und Abstumpfung entstanden. Viele dieser Namen sind so gäng und gäbe und so verständlich, daß wir sie aufzuzälen warlig nicht nöthig haben; andere enthalten Adjectiva, welche vor dreihundert, ja vor vierhundert Jahren schon in der Sprache ausgestorben waren und sich nur noch eben in diesen Geschlechtsnamen oder höchstens in Provincialdialekten, freilich unverstanden, erhalten haben. So heißt **Biester**, ein niederdeutsches Wort, dunkel; **Dunkel**, niederdeutsch **Dunker**, ist jedoch selbst ein Geschlechtsname; **Einläufig** (latinisiert **Einlovius**) bedeutet den armen Mann, der kein Vieh besitzt und nur für seine Person zu Dienst und Zins einsteht, wie auch die gleichfalls seltnen Namen **Hauslos**, **Pfennwert** (der nur eines Pfennigs wert Brod, ein Hellerlaibchen kaufen kann) und **Schmale** solche Bezeichnungen der Dürftigkeit sind. Dagegen bedeutet der ziemlich häufige Name **Seltenreich** keineswegs das, was man jetzt hinter den Buchstaben desselben sucht: „nicht oft oder niemals reich", also stets arm, sondern gerade das Gegenteil; er lautete ursprünglich saelden rîch, d. h. reich an aller Glückseligkeit. **Freis** heißt kühn, **Freislich** schrecklich, **Drat** (Tratt, Trott, Drahte) heißt schnell, eifrig, bei der Hand; der in Thüringen häufige Name **Gottlaß** bedeutet Gott gelaßen, d. h. ergeben, und stammt jedenfalls noch aus dem 15., wo nicht aus dem 14. Jahrhundert; **Malsch**, **Mals** bedeutet weich, der in Oberhessen so äußerst häufige Name **Nau (Gnau)** bedeutet **genau**, was er aussagt; **Kroll**, **Krull** ,**Strube** (Straube, Strobel, Streibelein) bedeutet, was **Kraus** und **Kruse** bedeuten; **Halbwachs** (Hallwachs) bedeutet halberwachsen. Auffallendere Namen dieser Art sind die Spottnamen **Forneseist**, **Fornefett**, **Hindenqueck**, **Kridewiß**, **Kauderwelsch**, **Wanschaff** (d. i.-verrückt), **Kachelhart**, **Stockhart**, **Beschorner** (Beschorn, Beschor); sodann Namen wie **Frohböse** (d. i. Schadenfroh), **Freudenvoll**, **Schenzlich**, **Schmutziger**, **Dumm** (Thumb, Thummius), **Verloren**, **Wolzogen**, **Wolgeboren**, **Fademrecht**, **Ungefug**, **Unbescheiden**,

Unverdorben, Ungelenk, Unmäßig, Unmilde, Unverzagt, Ungeraten, Ungeheuer u. s. w.; zu den sprachlich merkwürdigeren dieser Art aber gehören die Superlative: **Eltester, Schönst, Beste, Liebster, Nächster** u. dgl. Die Bekanntesten aus den Jahren 1848—1850 sind die **Oberstolzen**, die **Plumpen, Blinden** und **Frechen**, nur ist freilich die Zeit nicht mehr vorhanden, denjenigen, welche diese Eigenschaften besitzen, auch die dazu gehörigen Namen zu geben.

Nahe verwandt mit diesen Eigenschafts-Geschlechtsnamen und eigentlich ganz dasselbe, wie sie, sind die in Hauptwörtern ausgedrückten Eigenschaften, deren es zu Lob und Tadel, zu Ernst und Scherz auch eine ziemliche Anzahl als Geschlechtsnamen gibt, sowohl einfacher als zusammengesetzter. So z. B. **Weisheit** und **Dewischheit** (Albernheit), **Schönheit, Mut, Hochmut** und **Demut, Frischmut** und **Freimut, Heldenmut** und **Irremut** (Wahnsinn), **Lindermut** und **Thummermut, Gutmut** und **Gutsmuts, Wildermut, Wildersinn, Eiertanz, Lobetanz** (Verlobungstanz), **Kluberdanz** (Tanz der Holzhauer), **Apekendans** (Aeffchentanz) und **Danz** schlechtweg, **Sommerwerk, Schönwerk, Preiswerk, Handwerk** und **Nauwerk, Zulauf, Schwinderlauf, Umlauf** und **Nalop** (Nachlauf), **Kleinkauf, Frühkauf, Theuerkauf** und **Wirskauf** (schlimmer Kauf), **Unruh** und **Ungnad, Schlag** und **Zuschlag, Bärensprung, Herzsprung** (Hirschsprung) und **Freudensprung, Trunk** und **Nüchterner Trunk** (Nüchterntrunk), **Jammer** und **Elend, Auffart** und **Leibfahrt, Leisentritt** und **Leisegang, Giftheil, Gutheil** und viele andere.

Eine besondere Aufmerksamkeit würden hier, wenn es auf eine sprachliche Darstellung dieser Verhältnisse ankäme, die äußerst zahlreichen Zusammensetzungen von Substantiven und Adjectiven verdienen, welche übrigens den sämtlichen Klassen, in welchen wir hier die Familiennamen untergebracht haben, angehören, und dort auch einzeln theils vorgekommen sind, theils noch vorkommen werden. Es mögen nur erwähnt werden als zunächst noch hierher gehörig, Namen wie **Freiesleben, Gottesleben** (Kutzleben), **Sachtleben** (Sanftleben; die Wörter **sacht** und **sanft** sind nämlich nicht zwei Wörter, sondern eins und dasselbe, nur das einemal holländisch, das anderemal hochdeutsch ausgesprochen), **Hartleben, Schönleben, Bösenmarter, Gutzeit, Liebezeit, Gutsjahr** (Gutjahr), **Langjahr; Gutermann** (Gutmann), **Gutgesell, Gutkind, Süßkind, Liebeskind, Quadvasel** (progenies mala), **Altvater, Bestvater; Jungermann** (Jungmann), **Jungesblut** (Jungblut), **Hilgermann** (d. h. heiliger Mann, Einsiedler), **Großmann, Kleinmann, Graumann** (d. h. Bauer, spottweise aber auch Esel), **Hübschmann, Liebermann** (Liebmann), **Keckermann, Schönermann** (Schönemann), **Süßermann** (Süßmann); **Schönbub, Kurzenknabe, Lieberknecht** (Liebknecht), **Schönknecht, Kleinjung** u. s. w.

Noch verdienen hier besondere Erwähnung die Zahlen, welche zu Geschlechtsnamen verwandt werden. Einfach kommen, so viel ich weiß, bloß **Drei, Dreizehn, Sechzehn** und **Tausend** vor. Zusammensetzungen aber sind: **Einschütz, Einwächter; Zweifleisch; Dreimaß, Dreihaupt, Dreidorf, Dreischock; Vierthaler, Vierort, Vierheller, Vierneusel**, (vier Nösel, Schoppen), **Viermeß, Vierenklee, Viereck** u. dgl. mehr; **Fünfkirchen; Sechsheller, Sechsholden; Siebenhaar, Siebenbeutel, Siebenhürl, Siebenpfeifer, Siebenfreund, Siebentritt, Siebenkees; Neunheller, Neunherz** (dies bedeutet den, welcher nach einem alten schrecklichen Aberglauben neun Kinderherzen gefreßen hat, welche Unsichtbarkeit und Allwißenheit verleihen; den übrigens nicht häufigen Namen führte ein guter Kirchenliederdichter); **Zehnmark, Zehenaltekind; Dreißigmark; Hundertmark, Hundertgulden, Hundertstund, Hundertpfund; Dusentschur** und endlich **Dusendtüfel** (1000 Teufel).

Endlich schließt sich eine Reihe von adverbialen Sätzen hier an, welche zu Eigennamen, und zwar sehr verbreiteten, geworden sind. Am häufigsten sind dieselben in Ober- und Mitteldeutschland, doch auch Niederdeutschland entbehrt dieselben nicht ganz. Dahin gehören Namen wie **Anesorge** (richtig, statt ohne Sorge; der noch stehen gebliebene richtige Vocal beweist, daß der Name mindestens aus dem 14. Jahrhundert stamme), **Anschmalz** und **Aneseele** (einst Beiname einer Zweiges der Ritter von Güns); **Mit der Pfiffen, Morgenbeßer, Mornzenacht** (morgen zu Nacht), **Mornhinweg** (entstellt in Morneweck, Morgenweck) und **Baldhinweg** (Baldenweg); **Butenschön** (draußen ist es schön); **Wol te mate** (fälschlich Woltemade, Woldemathe, halbhochdeutsch **Woltemas** = wol zu Maße, bequem, redlich, richtig), **Habenicht, Hattnisch** und **Haberecht; Halpabe** (halb ab); **Vollimhaus; Frühauf; Gottgetreu** (Gottreu); **Koppehel** (d. h. am Kopfe heil); **Guesgern; Wieswel** (wie es welle — richtig, statt wolle — d. h. geh es wie es gehe); **Forndran** und **Hindennach**, welche beide Namen heut zu Tage in Augsburg vorkommen; und endlich **Süßengut** (süß und gut), **Leibundgut**, ein Name, der in Bern noch jetzt lebt, **Fleischundblut**, ein Name, der in Rotenburg a. d. Fulda vor noch nicht langer Zeit vorhanden war.

VI.

Werkzeuge und Geräte.

Die aus den Werkzeugen, Geräten u. s. w. hergenommenen Geschlechtsnamen bilden ein fast unübersehbares Heer, fast eben so groß, wie die, viele Tausende faßende Anzahl von Gewerbs- und Standesnamen. Eben so aber, wie diese, und theilweise noch mehr verstatten sie uns einen Blick in das Hausleben der alten Zeit namentlich der mittleren und niederen Stände — oft einen helleren Blick, als die Beschreibungen der Bücher uns gewähren. Nur gehören freilich zu diesem Blick auch Augen, mitunter auch ein gutes Fernglas. Ein solches können wir nun hier freilich nicht geben, sondern nur die Sachen aufstellen, und den Lesern überlaßen, ihre Augen daran zu schärfen. Nach und nach lernt man ganz von selbst sehen, wenn man nur Beharrlichkeit (freilich auch Zeit) genug hat, fest und streng eine Zeitlang eine und dieselbe Sache im Auge zu behalten.

Von den Bezeichnungen der im 12. und 13. Jahrhundert vorhanden gewesenen Werkzeuge, Geräte und Waffen, der oft sehr künstlichen und glänzenden, ist in unsern jetzigen Geschlechtsnamen nur noch sehr wenig übrig; es ist vielmehr der Hausrat, das Gewerbe, das Waffenwerk und die Lustbarkeit des 15. Jahrhunderts, welche sich in den Namen der Kriegs- wie der Haus- und Handwerksgerätschaften als Geschlechtsnamen vor uns ausbreiten. Unter den Hausgerätschaften nehmen die der Küche den größten Raum ein; die von Handwerksgerätschaften beziehen sich vorzugsweise auf die grobe Holzarbeit und die Eisenschmiede; daneben steht, ziemlich in gleichem Umfange vertreten, der Landbau und der Krieg. Die Jagd ist verhältnismäßig sehr schwach vertreten, etwas stärker der Handel und Verkehr, doch meist nur mit Namen, welche vom Gelde hergenommen sind. Sehr bezeichnend sind die, freilich fast nur in Süddeutschland vorkommenden Geschlechtsnamen, welche von den zu den damaligen Vergnügungen gebrauchten Geräten entlehnt wurden, und das ausgehende fünfzehnte Jahrhundert in seinen Lustbarkeiten auf das Bestimmteste uns vor Augen stellen.

Auffallend auf den ersten Blick, aber sehr erklärlich ist es, daß wir unter den Hausgerätschaften die Zimmergeräte fast gänzlich vermissen. **Tisch**, **Stuhl**, **Bank** finden sich als Eigennamen so selten, daß man etwa ein fünf- bis sechstausendmaliges Vorkommen der übrigen Hausgeräte unter den Familiennamen annehmen kann, ehe nur ein einzigesmal eins jener drei Geräte als Geschlechtsname begegnet. Eben so verhält es sich mit **Bett**, wovon nur das Compositum **Sufenbett** (Wiegebett, fuldaisch Sause, niederhessisch: Hotze) häufiger erscheint. Diese Dinge waren, wie sich leicht begreifen läßt, viel zu wenig individualisiert, viel zu allgemeiner Natur, als daß man sie als Familiennamen hätte benutzen mögen oder nur können. Umgekehrt haben aber auch die speciellen Kunstnamen der Handwerks- und sonstigen Geräte und der Theile derselben unter den Geschlechtsnamen äußerst wenige Vertreter, z. B. fehlen fast alle Pflugtheile, und, wie so eben schon erwähnt, die meisten Jagdgerätschaften unter den Geschlechtsnamen. Diese waren nun umgekehrt zu sehr besonderer Natur, als daß sie der, dem Weltverkehr dienenden, Gebung der Geschlechtsnamen hätten dienen können. Nur einzelne, namentlich süddeutsche Gegenden, machen hier eine Ausnahme.

Stellen wir eine kleine Auswahl der unter diese Rubrik gehörigen Geschlechtsnamen zusammen, so wird sich das Gesagte beispielsweise am leichtesten erläutern. Unter den Küchengerätschaften erscheinen am häufigsten **Dreifuß**, **Hake** (**Feuerhake**, **Keßelhake**, **Fetthake**, letzteres ein Hauptgeräte der Küche des 15. Jahrhunderts) und **Hahl** (Höhl, Hehl, welches den hängenden Keßelhaken bezeichnet), **Löffel** niederdeutsch **Lepel**, Löbel) **Schaumlöffel**, ein sehr alter, in Hessen schon zu Ende des 14. Jahrh. vorkommender Geschlechtsname, und **Kohllöffel** (Koleffel, Koleff, Kohlhepp), **Keßel Keßelring**, **Keßelhut** oder niederdeutsch **Ketelhod**) und **Bornkeßel**, **Pfann** und **Pfannstiel**; **Dopp**, **Döpp**, **Hafen**, **Häfelin**, **Kleintopf**, **Reibetopf**, **Siedentopf**, **Oelhafen**; **Napf** (Napp) und **Glasnapf** (Glasenapp); **Kesekast**, **Waßerfaß** und **Halbfaß**; **Federwisch**, ein in Hessen, wie Schaumlöffel, bis in das 14. Jahrhundert zurückgehender Geschlechtsname, und das gleichbedeutende niederdeutsche **Gosewisch**.

Unter den Geräten der Hausarbeit ist am vollständigsten in den Geschlechtsnamen vertreten die Näharbeit: **Fingerhut** und **Fingerling**, **Klügel** (d. h. Knäuel), **Nadel** und **Nädelin**, **Seidenfaden**, **Seidenbeutel** und **Seidenschnur**, **Scheer** (**Scharfscheer**, **Hausscheer**, **Fickelscheer** u. dgl.), **Nothaft**, **Breis**

(**Preis**, **Preiswerk**, d. i. Schnürband, Schnürarbeit) u. s. w.; von eigentlichen Hausgeräten ist **Schloß** (**Lüneuschloß**, **Scheunschloß**), **Schlüßel** (**Schlötel**), **Tischbein**, **Kastenbein**, **Schemel** u. dgl. als häufig vorkommend um deswillen zu erwähnen, weil Tisch, Kasten, Thür, Bank so ungemein selten erscheinen. Von Holz- und Eisenarbeit kommen **Axt**, **Block**, **Beil**, **Eisenbeil**, **Breitbeil**, **Beilhack**, **Schlingaxt**, **Keil** (**Kegel**, **Keidel**, **Hartenkeil**), **Meßer**, **Wiegelmeßer** häufig vor, aber merkwürdigerweise nicht allein eben so oft, sondern noch häufiger **Span**, **Schnitz**, **Schnittspan**, **Kleinschnitz**, **Schnitzerling** u. dgl.

Die Kriegsgeräte sind z. B. **Schild** (**Knipschild**, **Braunschild**, **Burgschild**, **Rotschild**) — letzteres jetzt fast nur Judenname —, **Spor** (Spohr) und **Klingspor** (Klingesporn), **Rust** (d. i. Rüstung), **Panzer**, **Harnisch**, **Eisenhut**, **Helm**, **Sporleder** und das gleichbedeutende **Hortleder**, **Schöfferlein** (**Scheuselein**, **Schafflin**, d. i. Spieß, javelod), **Schwert**, **Degen**, **Degenkolb**, **Hartdegen**, **Kolbe** (**Litzelkolbe**, **Kolbendeusel**, **Kolbenring**, und viele der Art), **Holzsadel**, **Gebsattel**, **Klebesattel**, **Dendesper**; **Pfeil**; sodann **Horn**, wo das uralte **Badehorn** (d. i. Kriegshorn, jetzt **Votthorn**, **Bottenhorn**) erscheint, als ein Fremdling in dem Rüstungsverzeichnis der Stegreifritter des 15. Jahrhunderts, welches die Geschlechtsnamen uns in aller Vollständigkeit vor Augen stellen, und die gleichbedeutenden, zwar späteren, aber doch auch alten **Gelhorn** und **Schelhorn** vorkommen; sodann **Armbrust**, **Bolz** (**Bolte**), **Bosse** (Busse, d. i. Büchse, Kanone) und **Feuerrohr**. — Der Jagd gehören an: **Hasenstab**, **Schwedler** (Jagdtasche) und **Wachtelsack**.

Geräte der Feldarbeit erscheinen als Geschlechtsnamen in den Bezeichnungen **Flegel** (Flögel) und **Schellflegel**, **Pflug** (**Dispflug**, **Stellpflug**, **Keilpflug**, **Pflugbeil**), **Hape**, **Heppe**,

Hapenstiel und **Hippenstil**, **Hornickel** (Harnickel), **Rumpf** (d. h. Kornmaß), zusammengesetzt **Kornrumpf**, **Schütrumpf** (d. h. Rumpf, welcher zur Kornschütte gebraucht wird), **Leuchsenring**, **Sprekast**, **Trenketrog**, **Schwintrog**, **Fegebeutel**, **Bindebeutel**, **Bindseil**, **Spanseil**, **Spanknebel**, **Metz** und **Habermaß**, **Pausch** (Päusch), **Feldpausch** und **Hegewisch**, **Geisel** (**Gischel**), **Wagen**, **Heerwagen**, **Rollwagen**, **Stückrad**, **Laubscheer** und ähnlichen.

Der Verkehr wird durch die Münznamen **Ort** (**Oertel**), **Gulden**, **Kreuzer**, **Dreier**, **Zwelfer**, **Zwanziger**, **Grosch** (Kröschel), **Schilling**, **Heller**, **Pfundheller**, **Pfennig** (**Weißpfennig**, **Barpfennig**, **Redepfennig**, d. i. baarer Pfennig, **Wucherpfennig** und dessen Gegentheil **Schimmelpfennig**), **Sondergeld**, **Altgelt** und **Reitgelt** (baares Geld) vertreten; übrigens kommt gar selten etwas dem Handel Angehöriges häufiger unter den Geschlechtsnamen vor, mit Ausnahme des bekannten alten Spottnamens der Kaufleute: **Pfeffersack**.

Die von den bei Lustbarkeiten üblichen Gerätschaften hergenommenen Familiennamen reducieren sich auf **Danzglock**, **Fittbogen**, **Gigennagel**, **Schombart** (Maske), **Würfel**, **Glückrad**, **Kranz**, **Maikranz**, **Rosenkranz**, **Rautenkranz**, **Grünemay**, **Grüneband**, **Lautensack**, **Leutbecher** (d. i. Methbecher), **Kuttruf** (eins der im 15. bis 16. Jahrh. äußerst zahlreichen Trinkgefäße), **Bierwisch** und einige andere von ähnlicher Bedeutung.

Vier Geräte aber zeigen in ihren Zusammensetzungen eine fast unglaubliche Fruchtbarkeit: **Eisen**, **Hammer**, **Nagel** und **Sack**, von denen die beiden letzteren es auf mehr als je fünfzig Geschlechtsnamen bringen. Da gibt es **Spereisen**, **Bauereisen** (die berüchtigten Kirmesspieße des 15. — 16.

Jahrhunderts, „mit denen die Bauern sich leichtlich zur Ader ließen“), **Brommeis** (Brummeisen, die beliebte Maultrommel), **Wursteisen, Mordeisen, Senkeisen, Zeileisen** (das Werkzeug der Bucher, mit welchem sie den Zeilenstich auf dem Pergament bewerkstelligten), **Kempeisen** (der Eisenkolbe der Gottesgerichtskämpfe), **Grimmeisen** und **Greineisen, Schupfeisen** und unzählbare andere —eisen, von denen wir nur noch **Kircheisen** und **Thurneisen** erwähnen, womit wir an das Frankfurter Pfarreisen (eisernes Einfaßungsgeländer der Pfarrkirche) erinnert haben wollen.

Und Hammer: **Bindhammer, Boßhammer** (Schlaghammer zum boßen, d. h. schwer aufschlagen, entstellt in **Bockshammer**), **Schelhammer, Pochhammer, Pochhammer, Schwinghammer, Ringhammer, Streithammer, Lichthammer, Blashammer, Schönhammer, Althammer** u. s. w.

Nagel, (Nägeli, Nägele, Nahl) hat z. B. **Bindernagel, Faßnagel, Schiennagel, Hufnagel, Thürnagel, Rundnagel, Pinkernagel, Zinkernagel, Stülpnagel, Wendnagel, Notnagel, Spannagel, Kupfernagel, Rossnagel, Steuernagel, Hartnagel, Wackernagel, Spitznagel, Rodnagel, Blankennagel, Scharnagel** u. s. w.

Endlich aber **Sack: Strohsack** und **Pulsack** (Sack, in welchem Gepeul, d. h. grobe Streu ist), **Schötensack, Pfendsack, Erweizsack** (Erbsensack) und **Bonsack, Ledersack** und **Bauchsack, Bindsack, Botsack** (die bekannte Botentasche des 15. Jahrhunderts) und **Wadsack** (Reisesack), **Hopfensack** und **Habersack, Biersack, Milchsack, Buttersack** und **Vollsack.**

VII.

Thiernamen.

Unter den vierfüßigen Thieren haben die Ziege mit dem Schaf, der Ochs, der Wolf, der Fuchs und vor allen andern — der Hase vorzugsweise reichliche Beiträge zur Bezeichnung der menschlichen Geschlechter, und zwar nicht allein in Deutschland, sondern im ganzen westlichen Europa (ja sogar auch im östlichen, bei sämtlichen Slaven) gegeben. Dann kommt das Schwein, die Katze, die Maus, der Hund, der Esel, der Affe und der Bär. Die übrigen Vierfüßler liefern nur wenige und noch dazu ziemlich vereinzelte und selten vorkommende Familiennamen.

So finden wir denn **Bock, Böckel, Bockshorn** (Buckhorn), **Bocksbarter, Schilbock**; oberdeutsch (schweizerisch) **Ramshorn, Ramspeck** (bekanntlich sind u. a. die Ramspeck zu Alsfeld aus der Schweiz gebürtig, und erst 1737 nach Alsfeld gekommen); — **Geiß** (Geis, Geisse), **Ziegengeiß, Ziegenbalg, Ziegelnheupt, Ziegenhals, Ziegenbein, Ziegenhorn, Ziegenspeck** (gleich Ramspeck ein Schmachwort, wahrscheinlich für einen Hessen, welcher irgendwo eingewandert war, denn im 16. Jahrhundert war der hessische Ziegenspeck oder Schneider=

speck, d. h. die hessische Armut und Dürftigkeit, das unvermeidliche Spottwort für alles, was Hesse hieß, weit mehr als die hessische Blindheit), **Zicklam**, **Geisweid**; **Schaf**, **Kinschaf**, **Schlachtschap** (Name eines der berüchtigten Wiedertäufer in Münster 1534), **Schafhäutl**, **Schafgotsch** (ein bekanntes schlesisches Grafengeschlecht; der Name bedeutet: Gottfried Schaf, wie einer der Vorfahren geheißen hat); **Hammel** (Hämel), **Rothamel**; **Lamm**, **Lämmlein**, **Lemlin**, **Lembke**, **Dörlam**, **Zicklam**, **Lämmerzahl** (d. h. Lämmerschwanz); auch das slavische Wort **Scheps**, welches wir hier im westlichen Deutschland nur als Schimpfwort brauchen, war, wenigstens ehedem, in Schlesien häufig, z. B. in Löwenberg, derselben Stadt, welche auch den in Frankfurt nationalversammelt gewesenen deutsch-katholischen Prediger Schmidt erzeugt hat.

Das Rindsgeschlecht hat gleichfalls sehr viele und mitunter sehr alte und sehr angesehene Familiennamen geliefert, z. B. **Ochs** (**Osse**, **Ossius**, **Oechsle**, **Ochsenius**), **Auerochs** (Eurochs, eine alte und noch nicht sehr lange ausgestorbene thüringische Adelsfamilie), **Brelochse** (ein im 16. Jahrhundert berühmter Kalenderschreiber zu Nürnberg; auch sonst kam der Name öfter vor und lebt noch), **Ossenkop**, **Ochsenbein**; **Kuh** (ein tirolisches Grafengeschlecht), **Kuhhaupt**, **Kuhfuß**, **Kohaut**, **Küehorn** (holländisch Coehorn; dort kommt auch z. B. Bontekoe [bunte Kuh] u. dgl. vor), und sogar **Kuhsittich** (verschönert anstatt Kuhschwanz); **Stier**, **Stieren**, **Stierlein**; **Rindsmaul** (österreichische Grafen); **Wiesand** (einer der ältesten Familiennamen überhaupt; er bedeutet Waldochse, Büffel; von ihm hat z. B. die Johannitercommende Wiesenfeld bei Frankenberg den Namen); **Nößel** (kleines

Anspannvieh, von Roß, Rindroß, plur. Rößer); **Kalb**, **Sommerkalb**, **Sonnenkalb** u. s. w.

Der **Wolf** erscheint als **Wölflin**, **Raubwolf**, **Schlingwolf** (Schlingloff), **Berwolf**, **Rorwolf**, **Dempwolf**, **Zickwolf**, **Drönewolf**, **Hertwolf**, **Streitwolf**, **Weißenwolf** u. s. w. Dazu kommen noch Namen wie **Wolfshelm**, **Wolfskinn**, **Wolfhand**, **Wolfskehl**, und ähnliche, welche zum Theil in dem uralten heidnischen Aberglauben des Volkes ihren Ursprung haben, auch meist jetzt ihre 600 Jahre und mehr alt sind. Auch der alte Schmeichelname des Wolfes: **Goldfuß** ist ein sehr bekannter Familienname.

Der **Fuchs** zeigt sich als **Voß** (Vossius), als **Füchsel**, als **Rotfuchs**, **Zeitfuchs**, **Standfuchs** (ein sehr alter und sagenberühmter Name, jetzt meist in der Entstellung **Staudenfuß** vorkommend), **Sandfuchs** (Sandvoß), **Schreckenfuchs** (eigentlich freilich ein Imperativ), **Voszahl** (Fuchsschwanz), **Rossel** (der Rote, einer der alten Schmeichelnamen des Fuchses), **Blaufuß** (desgleichen; im 16. Jahrhundert aber freilich auch der gemeine Name des Edelfalken) u. s. w.

Vom **Hasen** kann nur ein verhältnißmäßig noch kleineres Pröbchen gegeben werden, als vom Fuchs, Wolf, Ochs und Schaf. Also: **Hase** (Haas, Häslein), **Kohlhaas**, **Lochhaas**, **Schreckhaas**, **Scheuchehaas**, **Schelhaas** (gleichbedeutend mit Schreckhaas und Scheuchehaase, und zwar ein Familienname, welcher noch in das zwölfte Jahrhundert hineinreicht), **Trillhaas**, **Wiethase**, **Feldhase**, **Spörhase**, **Laurhase**, **Rothase**, **Schnuphase**, **Stöphaas** (latinisiert: von Stöphasius); — **Hasenohr** (in Wetter war um 1580 Daniel Hasenohr Bürger und Gastwirt zum Hasen), **Hasenöhrl**; **Hasenbein**, **Hasenfuß**, **Hasenklau** (Lagonychus) und **Hasenclever**, **Hasenpoth**, **Hasen**-

balg, Hasenzagel (Hasenzahl), **Hasenschart, Hasenschlaf, Hasenbart, Hasenfratz, Haseneſt** und **Haseney.**

Vom **Schwein** finden sich Geschlechtsnamen wie **Schwein, Schweins, Schweinshaupt, Schweinefuß, Schweinebraten, Eberschwein, Meerschwein, Farch** (Farck), **Borch, Barch, Börgel** u. dgl.; — von der **Katze, Wachkatze, Strebekatze** (ein ehemaliges hanauisches Adelsgeschlecht; freilich war dieses Wort schon im 16. Jahrhundert Bezeichnung des bekannten Werkzeuges), **Katzenbiß** (hessischer und hanauischer Adel), **Katzentrunk, Katzenschwanz**; — von der **Maus: Maus** (die Maus, wie man ehedem stets die Personen nannte, welche diesen Namen führten; wir sagen jetzt: der Maus, d. h. der Mann, Maus genannt, aber in früheren Zeiten hatte man noch deutliches Bewußtsein von der Bedeutung des Thiernamens, welcher als solcher auf den Menschen übergegangen war), **Meusel, Meuslin, Meusenhol** (d. h. Mausloch), **Mäuskönig, Mausehund, Ratt** und **Rattenzagel** (Rattenschwanz) **Ratzkopf**; — vom **Hunde: Hund, Hundskopf, Hundschinde, Hundbiß, Hundbusch** (baierischer, fränkischer Adel), **Schweinrüde, Rüddenklau** und einige andere; — vom **Esel: Esel, Riedesel** (d. h. Rîtesel, Reitesel — mit dem Riedgras hat der Name urkundlich nicht das mindeste gemein), **Frumesel Lutenesel** (eigentlich ein Spottname: ein Esel, der die Laute spielt), **Eselgrot** (Eselrücken), **Eselkopf** und einige ähnliche, wie **Eselmeier** u. dgl.; — vom **Affen: Ape, Aeplin,** und dann der weltbekannte, u. a. auch in Marburg einheimische Name **Schluraffe, Schlauraffe, Schlauderaff,** d. h. ein nichtstuender, schläfriger, mit einem Worte nichtsnutziger Affe, von welchem das Schlaraffenland den Namen hat; **Seekatz, Meerkatz** (schlesischer Adel) und einige verwandte Namen, von denen **Aepekendans** (Aeffchentanz) bereits genannt ist; — vom **Bären**: **Bär, Bärlin, Sengebär, Bärenklau, Bärensprung**, außerdem aber **Braun (Bruhn, Bruns)** und **Breitkopf**.

Das Pferd hat nur äußerst wenig Geschlechtsnamen geliefert: **Roß, Hengst, Zelter, Schimmel, Kaphengst, Pagenhobed** (Roßkopf) ist beinahe Alles. Fast noch dürftigere Ausbeute gewährt der **Hirsch**, wogegen das **Reh** in **Rehbein, Rehfues, Rehkopf, Rehbock, Rehlamb, Rehkalf, Rehfell** und einigen anderen Familiennamen stärker vertreten ist. Die übrigen Vierfüßler sind vollends fast ganz vereinzelt: **Igel, Staudigel** und **Steinigel; Dachs** (Tassius); **Loß**, d. h. Luchs (Lossius); **Wiesel; Gems, Gambs; Zobel;** endlich **Löwe** (Leue) und **Löwenklau** (Leunclavius).

Die aus der gefiederten Tierwelt entlehnten Namen sind vorzüglich im Hühnergeschlecht (Hahn und Huhn), aber hier auch außerordentlich reichlich vorhanden. Schon die Verkleinerungen von **Hahn** und **Huhn** sind häufig und zahlreich: **Häulein, Hänel, Hänle, Hendl, Händel;** nun aber die Composition: **Urhahn** (Auerhahn), **Berkhahn, Struthan, Heidenhahn, Wildenhahn, Wiesehan, Waterhan, Rebhan, Braunhahn, Weißhahn, Rothan** (Rotenhahn), **Krehan, Keuthahn, Kaphahn** (Capaun), **Pithan, Krauthan, Speckhan, Neuhahn, Seltenhahn, Zinkhahn** (d. h. Zinshahn, in so fern es nicht eine Entstellung aus Zinnkand, zinnerne Kanne ist); dann **Fanghänel** (entstellt in **Funkhänel**), **Hanewacker, Hanekrad** (Hankrot), d. i. Hahnenkrähen, **Hanewinkel, Hahnenbein** u. s. w. Weniger stark ist das Huhn vertreten: **Schraishuon, Weißhuhn, Kluckhuhn, Rebhuhn, Waßerhuhn, Junghuhn, Haselhuhn, Hünle, Hinkel, Hinkelbein, Hünerbein, Hünerwedel** sind aber doch Beispiele genug, um zu zeigen, wie viele Namen sonst noch vom Huhn entlehnt sein mögen. Ziemlich häufig erscheint auch der Name **Phasian, Fasant,** entstellt in **Faßhahn. Gans** ist einfach und zusammengesetzt auch nicht ganz selten: **Riedgans, Schneegans, Rickgans, Wildegans, Fruegans, Gänsle (Geusel, Ginsel)** und **Gansauge. Elster** ist als **Alster** und **Exter** (niederdeutsch) vorhanden; **Adler** und **Falke** nur einfach häufig; an Zusammensetzungen kommen nur die beiden Namen **Güldenadler** und **Güldenfalk** neben **Praunfalk** öfter vor. Namen sonstiger Raubvögel erscheinen in den oft vorkommenden Namen **Habicht (Happich, Abicht), Geier, Sperber** und in **Kükenbiter** (Nossiophagus). **Fink,** einfach sehr häufig, erscheint in manchen Gegenden oft in der Zusammensetzung **Lohfink,** d. h. Lerche. Außerdem gibt es **Brachvogel** und **Eisvogel, Strohvogel** und **Krautvogel, Rabe** und **Kaltrab, Taube** (Daube), **Ringeltaube, Daubenspeck** und **Daubenfuß** (zugleich eine Bezeichnung völlig wertloser Dinge: „dafür gibt man keinen Taubenfuß"), **Waßerstelz** und **Zaunschlisser, Kukuk** und **Gauckstert** (Kukuksschwanz), **Krahe, Krähe** und **Nebelkräe, Kräenaug** (Kranaug, Cronaug) und **Kronschnabel, Kiewit, Merle** (Amsel) und **Nachtigall** und **Grasmuck, Sperling (Lüning, Spatz, Spetzel)** und **Goldammer** u. s. w.

Das allgemeine Wort **Vogel** hat unter den Familiennamen äußerst zahlreiche Zusammensetzungen; außer Eisvogel und Brachvogel z. B. **Zitvogel** (Zeitvogel, d. i. Zugvogel), **Hirschvogl, Wildvogel, Waldvogel, Schreivogel, Ziervogel.** u. s. w. Dazu denn **Vogelgesang** (Vogelsang), **Schnabel, (Schnablin), Ei** und **Vogelei** (Vollei). **Dotter, Eidotter** und **Dotterweich, Ayerstock, Flügel** und **Fittich, Glausflügel** und **Schwanenflügel** und viele andere.

Aber auch die übrigen Tierklassen sind, wenn gleich sparsamer, doch immerhin ziemlich unter den Geschlechtsnamen vertreten. Beispiele mögen sein: **Ameis (Omeis), Aal, Bien, Fisch, Fischlin** — dies mit vielen Zusammensetzungen: **Seefisch, Bratfisch, Faulfisch, Maifisch, Buckfisch, (Bücking), Kaulbars, Karpenstein** (ein für heilkräftig gehaltenes Grätenstück am Kopfe des Karpfen), **Fischhaupt, Fischhorn** — **Frosch** und **Fröschlin (Frischlin), Floh, Gleim** (d. i. Leuchtkäfer, Johanniswürmchen), **Hecht, Hering, Humbel (Hummel, Hommel), Icke** (Muscheltier), **Krebs** und **Krebsscheer, Käfer** und **Köbberling, Lorch** (Kröte), **Laus** und **Kittlaus, Mücke** und **Mickel (Mickler**, d. i. Ohrwurm), **Otter, Hausotter** (ein schon im 15. Jahrhundert vorkommender Name), **Pogge** (Frosch), **Quadflieg** (böse Fliege), **Wurm, Rußwurm, Uhlworm, Goldwurm, Scharnweber** (eigentlich Scharnwebel, d. i. Mistkäfer), **Käsewurm** und **Käsemodel**.

Ja, damit es an gar nichts fehle, finden sich auch, und zwar beide in Hessen, die Namen **Schelm** und **Kaib**, welche beide Aas bedeuten.

VIII.

Pflanzen.

Der von Pflanzen hergenommenen Geschlechtsnamen gibt es zwar eine sehr große Menge, und besonders häufig (bis zu mehreren Hunderten) sind die Zusammensetzungen mit **Baum**, **Busch** und **Holz**. Indes ist hierbei doch zu bemerken, daß viele derselben nicht unmittelbar hierher gehören, sondern unter die Geräte und Werkzeuge. Dies gilt namentlich von den mit **Baum** zusammengesetzten Geschlechtsnamen. Da gibt es einmal keinen Eichbaum, Buchbaum, Tannenbaum, Birkenbaum, weil man zu der Zeit, als die Familiennamen aufkamen, diese Zusammensetzungen noch gar nicht gebrauchte, sondern das Wort Baum nur dem Namen der fremden und allenfalls der fruchttragenden Bäume anfügte. Fände sich also doch irgendwo ein Geschlechtsname Eichbaum u. dgl., so können wir im Ganzen mit Sicherheit darauf rechnen, daß dieser Name des allerjüngsten Ursprungs und höchstens 200 Jahre alt sein müsse. Nur sehr wenig Bäume machen eine Ausnahme von dieser Regel; hierher gehört besonders der **Weidenbaum**, welches Wort als Geschlechtsname bereits in der zweiten Hälfte des 15. Jahrhunderts vorkommt. Selbst die Namen fruchttragender Bäume, wie **Birnbaum**, **Nußbaum**, **Kriech**-

baum, **Pfraumbaum**, **Kerschbaum**, **Quittenbaum**, sind selten älter zu halten, als 300—350 Jahre. **Dilbaum** aber, **Hanebaum**, **Krebaum** (Stange, auf welcher der Haushahn sitzt und krähet), **Maibaum** (Meibom), **Walbaum**, **Zugbaum**, **Schnitzelbaum** und viele andere sind unter die Geräte zu rechnen; **Busenbaum** bedeutet einen Stammbaum. Andere Namen dagegen, welche eine besondere Eigenschaft der Bäume bezeichnen, sind weit älter und reichen tief in das 15., wo nicht in das 14. Jahrhundert zurück, z. B. **Blöhbaum**, **Grünbaum** und deren Gegenteil **Schlarbaum** (ein unfruchtbarer Baum, der namentlich ohne Mast ist), **Dürrbaum** u. dgl. Mit den Zusammensetzungen mit **Busch** verhält es sich nicht viel anders: **Meibusch**, **Seidenbusch**, **Wakebusch**, **Backbusch**, **Schnurrbusch** und selbst **Puschl** und **Püschl** gehören unter die Geräte, die Kleidungsstücke oder noch anderswo hin; **Rauschenbusch** ist ein Imperativ; echt sind dagegen **Holderbusch**, **Schlebusch**, **Hagenbusch** u. dgl. Die Composita mit **Holz** endlich gehören fast sämtlich (gegen dreihundert lieszen sich aufzälen) zu den Geräten oder Gerätestoffen: **Keilholz**, **Klaholz** (eine Klaue Holz, ein groszes Spaltstück, wie es in alten Zeiten als Auftritt vor die Thürschwelle gelegt wurde, fast nur in Hessen, Waldeck und in der niederdeutschen Umgegend gebräuchlich), **Löffelholz**, **Rabholz**, **Spachholz**, **Krummholz**, **Kannenholz**, **Eichholz**, **Buchholz**, **Erlenholz**, **Linnigholz**, (Lindenholz) u. s. w. Rechte alte Baumnamen sind dagegen **Eiche**, **Schönaich**, **Heister**, **Buchheister**, **Tann**, **Fichte**, **Linde**, **Hainbuch** (Heimbuch), **Grünebuch**, **Buchenhorst**. Birke hat nur Zusammensetzungen, wie **Birkenstamm**, **Berkenbusch**, **Birkenstock**, **Birkenruth**. Von den Baumtheilen sind **Ast** (**Goldast**, **Heckenast**, **Kienast**, **Waldästel**), **Zweig**

(Mittelzweig, Maienzweig, Kornzweig, Namenzweig, Suberzweig, Ahlzweig), **Reis** (**Silberreis**, **Weinreis**, **Meyenreis**) zu bemerken. **Jahrreis** (Jahreis, Gareis) bedeutet, was **Ludsteck**, **Sommerstange** und **Sommerlath** bedeuten, einen Jahresschößling. **Stock** zeigt Zusammensetzungen wie **Dürrstock**, **Rebstock**, **Birkenstock** und viele andere, welche meist den Geräten angehören; **Laub**: **Rindelaub**, **Sengelaub** (ein Zeugnis für das Waldabbrennen alter Zeit), **Röschlaub**, **Lindenlaub**, **Hartlaub**, **Hauslab** u. dgl.

Die drei Getreidearten Korn, Gerste und Hafer haben eine sehr große Menge von Eigennamen erzeugt: von **Korn** findet sich z. B. **Sommerkorn**, **Klövekorn**, **Kornzweig**, von Gerste: **Wintergerst**, **Gerstgarbe**, **Gerstenkorn**, von **Hafer** (Haber): **Häberlin**, **Schlichthaber** und dessen Gegensatz **Grieshaber**, **Haberkorn**, **Wiesenhafer**, **Maischhafer**, **Haberstroh**. Alle drei aber haben die Zusammensetzungen mit **firn** (alt) und **frisch**: **Viernkorn**, **Verngerste**, **Firnhaber**, **Frischkorn**, **Frischhaber**, **Faulhaber**. **Waiz** und **Kern** (Dinkel, Spelt) haben fast keine Zusammensetzungen — man sieht daraus, daß sie seltner gebauet wurden.

Die **Blume** (oder der Blume, wie es eigentlich heißt) bildet eine ziemliche Anzahl von Geschlechtsnamen: **Blümlein** (niederdeutsch **Plümke**), **Blumenstiel**, **Blumenstengel**, **Blumenstolz** und **Blumentrost** — die letzten beiden sind Weidenamen und sehr alten Ursprungs; ebenso die **Rose**: **Röschen**, **Röse**, **Rösel**, **Rosenblüt**, **Rosenblatt**, **Rosenzweidt** und **Rosenzweig**, **Rosenstock**, **Rosenstengel** und **Rosenstiel**, **Rosengarten**, **Kohlros** und **Meyenrose**, letzterer von nichts weniger als rosiger Erinnerung aus dem dreißigjährigen Kriege.

Alte Namen von Pflanzen hergenommen sind noch **Brambeer, Kassebeer** (niederdeutsch, st. Karsebeere, Kersebeere, Kirsche), **Staud (Steudel, Steudlin, Staudach), Herling** (wilde Traube), **Hollunder, Dorn** und **Hagedorn,** auch wohl **Blüh-dorn** und **Dornblüht, Kohl, Haubut, Klee** (Grünklee, Klee-blatt), **Hirsekorn, Monhäupt, Nieswurz, Muscat, Wacholder, Veiel,** und vor allen andern **Klobelauch** (Knoblauch), der noch weit in das 13. Jahrhundert hineinreicht. Neu und zum Theil sehr neu sind **Petersilje, Salwei, Meerrettig, Vogelbeer** u. dgl. Von den Baumfrüchten sind außer der schon genannten Kassebeere (niederhessisch Kesper) nur zu nennen **Apfel (Eichapfel, Holzapfel, Hochapfel, Güldenapfel)** und der ziemlich neue Name **Pflaume** (Pfraum).

IX.

Speisen.

Die von Speisen hergenommenen Familiennamen vergegenwärtigen uns mit gleicher Lebendigkeit, wie die Gerätenamen, die Speisen des 15. Jahrhunderts aus den mittlern und untern Ständen. Am häufigsten erscheinen Zusammensetzungen mit Brod, Bier, Fleisch und Wein; man hat es indes nur nötig, sich die häufigen Zusammensetzungen mit Sauer — vorzuhalten, um sich wie mit einem Schlage an die genügsamen Tische des 15. Jahrhunderts zurückversetzt zu sehen. Da findet sich z. B. **Sauerbier** und **Sauerwein**, **Sauerzapf**, **Sauermilch** und **Sauerbrei**, **Sauersenft**, **Sauermost**, **Sauerbirn**, **Sauerteig** und **Saueressig**. Außerdem aber zeigen sich in den Geschlechtsnamen noch Speisen und Getränke, welche bereits im 15. Jahrhundert zu verschwinden begannen, z. B. **Goßenbrod**, eine Lieblingsspeise alter Zeit: warmes Brod mit Fett begoßen, oder **Moras**, ein angesetzter Wein, von dem das 15. Jahrhundert kaum noch etwas weiß.

Vom Brode entlehnte Familiennamen sind z. B. die fast überall vorkommenden Gegensätze, **Herrenbrod** und **Eigenbrod**, **Weißbrod** und **Roggenbrod** (Ruckenbrot), **Weichbrod** und **Truckenbrod**, sodann **Gutbrod**, **Zubrod**, **Sommerbrod**, **Hirsebrod** u. dgl. (in Holland auch **Casembrod**, Name einer Adelsfamilie), sodann **Laib**, **Laiblin**, **Halbleib** und andere.

Vom Fleische sind hergenommen: **Rindfleisch**, **Kalbfleisch**, **Gensfleisch**, **Sötefleisch** (d. h. Süßfleisch), **Kottfleisch** und **Sittenfleisch** (beide bedeuten gesottenes Fleisch), **Pfundfleisch**, **Kurzfleisch**, **Schurzfleisch**, **Klopfleisch**; auch **Zweifleisch** und **Fleischbein**, beides Namen altadeliger Geschlechter, in Homberg und Fritzlar das eine, nun längst erloschen, in Frankfurt das andere, mögen hier erwähnt werden, wiewol beide eigentlich nicht in die Kategorie der Speisen gehören.

Bier ist selbst, wie **Fleisch** und **Brod**, Familienname; außerdem aber sind häufig die Namen **Gutbier** und **Bösbier**, **Schönbier** (jetzt zuweilen in **Schember** entstellt), **Sötebier** und **Sauerbier**, **Mengelbier** und **Dünnebier**, **Käsebier**, **Zuckerbier**, **Zuberbier** und **Follebier**, **Dotenbier** (Detenbier, d. h. Pathenbier), und sodann eine Reihe von Imperativen: **Schmeckebier**, **Schluckebier** (das darmstädtische Dorf Höringhausen im Waldeckischen, in der Herrschaft Itter, ist zum größten Theil von Schluckebieren bewohnt), **Gießenbier** und **Schenkbier** (Schenkbehr, Schenkbähr, Schenkbar).

Zusammensetzungen mit Wein sind äußerst häufig: der älteste Name ist **Königwein**, sodann **Kühlwein**; außerdem gibt es **Altwein**, **Gutwein**, **Rürwein**, **Floßwein**, **Schlettwein**, **Mengewein**, **Tepperwein** (gezapfter Wein) u. dgl. mehr. Nur zähle man nicht hierher Namen wie **Reichwein**, **Baldewein**, **Lentwein**, welche sämtlich mit dem alten win (nicht wîn), d. h. Geselle, Freund, componiert sind.

Milch- und Mehlspeisen vertreten die Geschlechtsnamen **Milich** (alte Form von Milch), **Sauermilch** und **Süßmilch** (Susemihl), **Fettmilch**, **Schlegelmilch**, **Lautermilch**; **Mehl**, **Hafermehl** (Habermehl, ein sehr verbreiteter Name), **Gramehl** (Grahmel, Gromel, d. i. graues Mehl); **Eierkuchen**, **Pfann-**

kuche, Eskuche, Pustkuchen (Aschenkuchen), **Matzkuchen; Krapf** und sein Diminutiv **Kreppel, Platz** und **Dörplatz, Semelring** (häufig entstellt in **Sömmering**) und **Ringeling** (d. h. das Gebäck, welches im hessischen Dialect **Gringel** oder Kringel heißt), **Wäck, Butterweck, Edlweck** u. a.

Sehr üblich ist der Name der alten, jetzt allmälig in völlige Vergeßenheit sinkenden Speise **Pfeffer** (Pfefferle), sowie der niederdeutsche einer ursprünglich mehr niederdeutschen, nachher allgemein gewordenen Speise, der Suppe: **Sauppe, Soppe, Sopp, Magersupp** u. dgl., gegen welche Namen das hochdeutsche **Soff, Seffe** als Geschlechtsname äußerst selten ist.

Wenn wir nun noch Namen wie **Bratfisch, Mundbrat, Hafenbrädl** (d. h. Topfbrätchen), **Schweinebrade** (richtiger als **—braten**), **Füllhun** und **Füllkopf** (ersteres eine der beliebtesten Leckereien des 15.—16. Jahrhunderts), **Brock** und das gleichbedeutende niederdeutsche **Schweppe, Morsel** (Murschel), **Kloß** (Klose), **Klodt** und **Mattenklodt, Wurst** mit **Blutwurst, Krautwurst, Leberwurst, Wurststumb** und **Lederle** (Wurstschale) (die letztern Namen sämtlich in Franken und Baiern einheimisch und teilweise häufig) erwähnen, so wollen wir mit der Bemerkung schließen, daß die von Kohl-, Rüben- u. dgl. Speisen hergenommenen Namen mit Ausnahme des allerdings häufigen **Kompast, Kombst, Kappes**, nur äußerst selten vorkommen.

X.

Glieder des menschlichen Leibes.

Außer den allgemeinen Bezeichnungen, wie **Jungleib**, **Jungblut**, **Heidenblut**, **Dickhaut** (Dickhuth), **Knoch** und **Hartknoch** u. dgl. sind die Bezeichnungen **Kopf**, **Haar**, **Bart**, **Bein** und **Fuß** die häufigsten von Leibesgliedern entlehnten Geschlechtsnamen, aber außerdem ist kein einziges Glied des Leibes unter denselben unvertreten. Manche Namen, wie Gagel (Gegel), Zumbe, (Zumpt) u. dgl. würden nicht mehr geführt werden, wenn deren Bedeutung noch allgemein verstanden würde.

Die Bezeichnung **Haupt** ist mehr in Oberdeutschland, **Kopf** mehr in Niederdeutschland zu Hause. Von ersterer sind die Zusammensetzungen äußert häufig, z. B. **Schönhaupt**, **Weißhaupt**, **Wollenhaupt**, **Kraushaupt**, **Breithaupt**, **Rothaupt**, **Guldenhaupt**, **Rauchhaupt**, **Dünnhaupt**, **Ritzhaupt**, **Mildehaupt**, u. s. w., noch häufiger aber von **Kopf**, (**Kopp**, **Köpfel**, **Köpke**): **Schönkopf**, **Hartkopf**, **Schwarzkopf** und **Weißkopf** (Wittkop), **Krauskopf** und **Wollkopf**, **Steinkopf** und **Hölzerkopf**, **Breitkopf**, **Großkopf**, **Ruhkopf**, **Mannkopf**, **Schorkopf**, **Mollenkopf** (der den Kopf voll Mollen, Grillen hat), **Schindekopf**, **Schüddekopf**, **Stutzkopf** und **Teufelskopf**. Dazu kommen noch **Schedel**,

Dirschedel, Großschedel, Starschedel und **Thumshirn** (dummes Gehirn, Dummkopf; ein v. Thumshirn hat als sächsisch-ernestinischer Gesandter den westphälischen Frieden mit unterhandelt).

Haar hat auch mancherlei Beiträge zu den Geschlechtsnamen geliefert, z. B. **Gelhaar, Weißhaar, Glatthaar** und **Kraushaar, Krumbhaar** und **Straubhaar, Flachshaar** und **Grieshaar, Schuft** (aufgebundener Haarbusch, Schopf), **Zopf, Zöpfl** und **Guldenzopf**; fast noch mehrere aber **Bart** (Barth, Bahrdt): **Weißbart** und **Rotbart, Schlitzbart** und **Spitzbart, Schmalbart** und **Breitbart, Wackerbart** und **Isenbart, Flachsbart, Rauchbart, Rauschbart** und **Judenbart.**

Mund zeigt Zusammensetzungen wie **Lachmund, Guldenmund, Lernmundli, Mundhenk,** u. a.; **Maul, Küßmaul, Rauchmaul, Schmutzmaul** (d. i. Fetteßer) und **Rotzmaul,** letzteres der Name einer alten und angesehenen Freisaßenfamilie in Treysa an der Schwalm, welche noch jetzt in der Nähe angeseßen ist, aber ihren alten Namen in **von Rotsmann** verändert hat. Sonst sind bekannt: **Kinnback** und **Bausback, Zahn** und **Mahlzahn** (Mollzahn, Maltzan), **Weibezahn** (d. i. Wackelzahn), **Berzahn** (d. h. Eberzahn). Auch **Hals** (**Schönhals, Kurzhals** u. dgl.), **Rücken** (**Breitruck, Weißruck**), **Genick** (Hartnack), **Kropf, Brust, Bauch** (Breitenbauch, Schmerbauch), **Nase** (**Spitznas, mit der Nase** u. dgl.), **Ohr** (**Langohr, Wibelohr** oder **Weibelohr,** d. i. Wackelohr, **Singohr**), **Hand** (**Luchterhand,** d. i. linke Hand, **Geradehand** und **Rodhand, Wolfhand, Reibehand**), **Faust** (**Hartfaust**), **Finger, Daum** (**Dümichen, Dömich**), **Nithack, Auge** (**Rodaug, Weinauge**) u. dgl. sind nicht selten.

Mit **Bein** und **Fuß** aber kann sich kaum Kopf, Haupt und Bart vergleichen. Da gibt es **Langbein, Streckbein**

(Strackbein) und **Hohlbein**, **Krumbein**, **Krömmelbein** und **Klapperbein**, **Huckelbein**, **Helftebein** und **Hölzerbein**, **Schönbein**, **Rollbein**, **Wurfbein**, **Schienbein** u. s. w., **Langschenkel** und **Kurzschenkel**, **Knie** und **Hochknie**; **Füeßli** und **Füeslin**, **Schaufuß** und **Schickfuß**, **Streckfuß** und **Schlickfuß**, **Rauchfuß** und **Ruhfuß**, **Stolterfot** und **Klinckerfues**, **Staudenfuß** und **Schmalfuß**, **Platzfuß** und **Dollfuß**, **Zehfuß** und **Barfuß** und viele andere, von denen manche, wie Regenfuß, Streckfuß, Imperative sein mögen, manche an die Putzkleidung und die Tanzlust des 15. Jahrhunderts erinnern, wie eben die Familiennamen Streckfuß und Regenfuß, sodann Stolterfot, Klinkerfuß, Geilfuß, Schickfuß, Schönfuß mithin ungefähr das ausdrücken, was wir noch jetzt durch „auf einem großen Fuß leben" bezeichnen, manche, wie Platzfuß und Dollfuß, an Gebrechen erinnern, manche, wie Staudenfuß, ein sehr hohes Alter, bis tief in unsere heidnische Heldensage hinein, in Anspruch nehmen.

XI.

Kleidungsstücke.

Sehr häufig sind die von den Kopfbedeckungen hergenommenen Familiennamen; vor allem **Hut** (oder wie man noch vor fünfzig Jahren schrieb: **Huth**), mit zahlreichen Zusammensetzungen, z. B. **Schönhut**, **Webelhut** (d. h. Wackelhut, ohne Zweifel ein Spottname), **Weißhut** (Witthut) und **Gelhut** (Geelhood), **Spanhut**, **Nephut**, **Hochhut** und **Nedderhut**, **Krepehut**, **Fleischhut**, **Anhut** (wahrscheinlich so viel wie **ohne Hut**), **Eisenhut** u. dgl. Es sollte mich wundern, wenn nicht auch „Grünhut“, diese gewöhnliche Kopfbedeckung der Bauern im 15. und 16. Jahrhundert, als Familienname vorkäme; mir ist er jedoch bis dahin nicht begegnet. Zu den Namen kriegerischer Kopfbedeckungen, wozu Eisenhut gehört, kommen übrigens noch **Helm**, **Haube**, **Häublein** (das Harsenier der älteren Zeit), **Beckenhube** (Pickelhaube), **Sturmhöwel**, und hierzu weiter die Zierden dieser Kopfbedeckungen, **Wedelbusch**, **Haarbusch**, **Schnurrbusch**, **Haarwedel** u. a. Sonst aber sind **Hauptreif** (eine sehr alte Bezeichnung des Schmuckes, woraus später die Grafenkronen wie die Königskronen sich gebildet haben), **Linnenkogel** (leinene, Kopf, Hals, und Schultern zugleich umschließende Bedeckung, jetzt unverständlich **Linden**-

kohl gesprochen und geschrieben), **Wittkugel** (weiße Gogel oder cuculla), **Kapp, Käpplin, Keppel, Keppichen, Rotkepl** noch weitere, von den Kopfbedeckungen hergenommene, ältere, noch jetzt sehr bekannte und häufige Familiennamen; ein jüngerer ist **Mütze**.

Die Beinbekleidung wird vertreten durch den Familiennamen **Hose** (Hoos) mit zahlreichen Zusammensetzungen: **Lederhose** (das uralte kriegerische Beingewand, welches Hose, Strumpf und Schuh zu gleicher Zeit vertrat, später zusammengezogen in **Lerse**, welches auch ein bekannter Familienname geworden ist, wenn er gleich nicht so häufig vorkommt wie **Lersner**, d. h. Verfertiger der Lersen oder Lederhosen), **Lodderhose, Schlaphose** und **Lumphose**, drei Familiennamen, in welchen sich die unsinnige Verschwendungstracht der Pluderhosen des 16. Jahrhunderts verewigt hat, gegen welche Andreas Musculus 1556 in gerechtem, geistlichem Zorn seinen „Hosenteufel" schrieb; ferner **Leinhose** oder **Linnhos, Reddehose** (Reithose), **Mehlhose** (ein Spottname für Müller), **Kurthose** (Kurzhose, ein sehr alter, schon im 12. Jahrhundert erscheinender und noch jetzt vorhandener Familienname), und die Verkleinerungen: hochdeutsch **Hösl** (wozu **Höslbein, Hesselbein** gehört), niederdeutsch **Hosekin** (Hoßking).

Andere Beinbekleidungen zeigen sich in den Familiennamen **Knieling**, womit in ganz alter Zeit die lederne, das Knie bedeckende Halbhose, später, im 13. und 14. Jahrhundert der Reiterstiefel bezeichnet wurde, **Kürisschenkel** (der Schenkelpanzer, welcher im 14. Jahrhundert aufkam; nachher entstellt in Kurzschenkel), **Stiefel** und **Brack**, welches letztere Wort, sonst gewöhnlich **Bruch** (bruoch) gesprochen, die Halbhose bedeutet, welche, mehr in Form eines Tuches, um die

Oberschenkel geschlungen wurde, und erst im siebzehnten Jahrhundert den eigentlichen Hosen Platz gemacht hat. Auch **Arleder** ist ein Familienname.

Die Fußbekleidung wird allein vertreten durch **Schuh** (älter und ursprünglicher: **Schuch**) mit mehrfachen Compositionen: **Knabenschuch** (Knabeschuh), ein alter, noch aus dem 15. Jahrhundert stammender Familienname, **Kapschuh**, **Holzschuh**, **Hornschuh**, **Sommerschuh**, **Rotschuh** (ein Tanzliebhaber), **Leitschuh** und **Bundschuh**, der von den Bauern getragene Schnürschuh, welcher nicht allein einen sehr häufig vorkommenden Familiennamen, sondern auch die sprichwörtliche Bezeichnung des Bauern überhaupt, ja sogar ein bekanntes und berüchtigtes Parteizeichen hat abgeben müßen. Auch die Verkleinerung: **Schüelein**, **Schulin** ist nicht selten. Sodann gehört hierher **Handschuh**, zusammengezogen **Häntsch**, **Hentsch**, verkleinert **Hendschel**, **Henschel** und **Mau** (Ermel zum Ueberziehen, jetzt Muff gesprochen).

Das Leibkleid, **Rock**, ist einfach und zusammengesetzt als Familienname häufig. Zu den Zusammensetzungen gehören z. B. **Blaurock**, **Gröerock** (**Graurock**, eine einst gewöhnliche Bezeichnung der Bauern), **Wittrock** (Weißrock), **Langrock**, **Kurzrock**, **Leibrock**, **Beitelrock**, **Sandrock**, **Landrock**, **Tepperock** (Rock in Tabardform, Ueberwurf), **Padrock** (Pfaidrock, ein linnener Ueberwurf).

Andere Leibkleidungsstücke, welche zu Familiennamen geworden sind, sind z. B. **Schirlitz** (suppar, subucula, der Ueberwurf, zumal der Priester im Amt), **Seidenschwanz** (seidenes Schleppkleid, der Name einer alten und reichen, jetzt aber ausgestorbenen Bürgerfamilie in Kassel), **Linz** (theristrium, ein Weibermäntelchen), **Mantel**, dies mit mehreren Zusammensetzungen: **Langenmantel**, **Scheidemantel**, **Wintermantel**, **Regenmantel** (ein schon im 14. Jahrhundert vorkommender Name), **Weißmantel**, **Rothmantel**, **Franzmantel** und **Mentlein**. Ferner **Hemd**, **Kittel** und **Weißkittel**, so wie die Kriegsgewandnamen **Harnis** (Harnisch) und **Panzer** (Banzer).

Theile von Kleidungsstücken haben zu Familiennamen dienen müßen in **Rotermel und Weißermel** (letzteres eine Spottbezeichnung für Müller), **Tasch**, **Ruckdeschel**, **Klappertasch** (ein Praler, welcher eine Tasche mit metallenen Behängen trug) u. dgl., am häufigsten aber kommen die Bezeichnungen der Gürtel und Kleiderbänder vor: **Bandel**, **Bendel**, **Mansbendel**, **Binterim** (Bindrieme, meist für den Harnisch), **Knieriem** (in schlechter Schreibung Knirim, Cnyrim, von denen letztere übrigens den Ursprung aus dem 16. Jahrhundert bekundet), das unentbehrliche Beistück der kurzen Landsknechtshosen, jetzt nur noch ein Geräte der Schuster; **Riedel** (Schnürrieme, mit welchem ehedem alle Kleider, ehe man Knöpfe hatte, befestigt wurden) und **Duysing** (Gürtel, zumal Weibergürtel).

Auch der **Ring** fehlt nicht, zum Theil in alten Bezeichnungen: **Mangold** (eine runde, goldene Scheibe, dem Monde gleich, ursprünglich ein Halsschmuck), **Fingerlin** und **Fingerling**.

Auffallend selten erscheint dagegen eins der gewöhnlichsten Kleidungsstücke der alten Zeit: **Wams**. Wahrscheinlich verhält es sich damit ähnlich, wie mit den gewöhnlichen Geräten: Tisch, Stuhl, Bank, von deren seltenem Vorkommen oder gänzlichem Mangel wir an ihrem Orte gesprochen haben.

XII.

Naturerscheinungen und Naturkörper.

Unter den verschiedenen Klassen der Familiennamen ist diese am schwächsten besetzt, und doch findet sich auch hier eine ziemlich bedeutende Anzahl nicht ganz unmerkwürdiger Namen, die zum Theil durch ihre Entstehung als Familiennamen ein besonderes geschichtliches Interesse erregen, an welchem wir freilich hier vorübergehen müßen. Es kann uns genügen, zu bemerken, daß ein großer Theil derselben einer gewissen Scherz- und Spottlust ihr Dasein verdankt, derselben, welcher wir schon früher begegneten. Hier scheint nicht selten die Ironie mitgewirkt zu haben, z. B. wird den Namen **Brausewetter** nur ein Solcher bekommen haben, dessen Heftigkeit und Importunität etwas Lächerliches an sich hatte; **Schneidewind** war wirklich das Appellativum für einen unruhigen, landfahrenden Landsknecht.

Die Himmelskörper sind durch die sehr häufig vorkommenden Namen **Sonne**, **Mond** (**Mone**, **Mahn**) und **Stern** vertreten, und zwar schon seit sehr alter Zeit, wie die älteren, schon im Anfange des 16. Jahrhunderts erloschenen richtigen Formen **Mahn** und **Mone** statt des unrichtigen Mond (wie nicht das Gestirn, sondern der Jahresabschnitt heißt) beweist. **Stern** hat mehrere Zusammensetzungen: die bekannteste ist **Morgenstern,** nicht ganz selten aber ist auch **Wunkelstern, Wünkelstern, Winkelstern, Wenkstern,** d. h. flammender, schimmernder Stern; die übrigen alten schönen Zusammensetzungen mit Stern: Tagstern (älterer Ausdruck für Morgenstern), Nachtstern, Meerstern, Waßerstern u. s. w. sind wie in der Sprache, so auch in den Namen, mit Ausnahme von **Abendstern,** gänzlich erloschen. **Himmel** ist ein bekannter Familienname; seltner ist **Welt** mit seinem Compositum **Wunderwelt** (mundus mirabilis), und noch seltner, nämlich nur noch in einigen Gegenden Deutschlands, z. B. in Hessen, zu finden ist der uralte heidnische Name für Welt: **Mergard** (merigarto, das vom Meer umschloßene Festland).

Von den Lichterscheinungen sind die Namen **Licht** und **Schein** häufig; letzteres hat ziemlich viel Zusammensetzungen: **Hansschein** (Oekolampadius), **Monschein, Maienschein, Rohrschein, Oberschein** und andere. Auch **Abendrot, Morgenrot** und **Regenbogen** sind ziemlich häufig.

Ziemlich reichlich vertreten sind die atmosphärischen Erscheinungen: **Nebel** und **Thau: Nebelthau** und **Külthau; Schnee, Schneelin** (d. h. kleiner Schnee), **kalter Schnee** (so noch am Ende des 16. Jahrhunderts; jetzt nennt sich diese, der Grafschaft Ziegenhain angehörige Familie **Kaltschnee, Kalschnee); Wetter** mit den Zusammensetzungen **Bösewetter, Schönwetter, Brausewetter, Kiesewetter** (d. i. Hagelwetter) und **Ungewitter; Wolke, Duft, Dunst; Luft** (eigentlich **der** Luft; ein schon sehr alter Familienname) und **Dankluft; Wind** mit seinen Compositen **Schneidewind** (Schneidewin, Schniewin) und **Sausewind** oder **Suswind** (es war dieß

der eigentliche Name des zu seiner Zeit berühmten lateinischen Poeten Hermann Trebelius, ist aber noch jetzt, und zwar ziemlich häufig, vorhanden), **Stoffregen**, **Sturm**, **Hagel**, **Blix** und einige andere.

Das Feuer gewährt den Namen **Feuer** selbst und das Compositum **Wildfeuer**, **Funke** (Funk), **Flamme** und **Isenflamme**, **Brand** mit **Brendlin** und **Brendel**, **Rauch** mit **Reuchlin** (ein kleiner Rauch; im 15. und 16. Jahrhundert in figürlicher Bedeutung sehr üblich: eine kleine Widerwärtigkeit), **Stubenrauch** und **Weihrauch**.

Das einfache **Waßer** ist als Familienname sehr selten, noch seltner als das doch auch nicht häufige **Feuer**; weit öfter erscheinen die Zusammensetzungen **Stobwaßer**, **Sparwaßer** (eigentlich ein Imperativ), **Kaltwaßer**, **Gutwaßer**, **Wegwaßer**, **Schierwaßer** (bloßes, lauteres Waßer); auch findet sich der Name **Waßerfall**. Dann: **Brunn**, niederdeutsch **Born**, **Quell**, die ersteren beiden ungemein häufig und mit zalreichen Zusammensetzungen: **Kühlbrunn**, **Sauerbrunn**, **Lauterbrunn** (—**born**), **Röhrborn**, **Brunnquell** u. s. w.; **Bach** mit **Bächlin** (**Bechlin**, **Pechlin**), **Lauterbach** und vielen ähnlichen Compositionen, **Klinge** (**Kling**, der rauschende, schnell strömende Waldbach); aus sehr alter Zeit hat sich auch im Fuldaischen noch das Wort **Aha** (fließendes Waßer) als Familienname erhalten.

Die Erde liefert begreiflicher Weise das stärkste Contingent zu dieser Klasse von Familiennamen. Dahin gehören **Erd** und **Schwarzerd** (Melanchthon), **Berg**, **Fels**, **Klipp**, **Stein**, dieß mit sehr vielen Compositen, von denen zwei sehr alt sind: **Goldstein** (wofür wir jetzt Edelstein sagen) und **Rotstein**, sodann **Duckstein** und **Eckstein**, wovon jedoch letzteres gleich **Schornstein**, **Ofenstein**, **Backenstein** u. a. zu den Geräten u. dgl. gehört, **Schirbelstein** und **Schieferstein**. Feldstein, Felsenstein u. dgl. sind moderne, auch meist von den Juden willkürlich gemachte Familiennamen. Ferner gehören hierher **Thon**, **Kalk**, **Laim** und die niederdeutsche Form **Lehm**, **Schiefer**, **Sand** mit vielen Zusammensetzungen: **Staubesand** (Stövesand), **Steifensand**, **Wellsand** (ein vom Meeresstrande herstammender, auch an der Küste der Ostsee häufig vorkommender Geschlechtsname) u. s. w., **Staub**, **Melm**, **Gries**, **Grien**, so wie die Metallnamen **Gold**, **Silber** (mit der Zusammensetzung **Napsilber**), **Kupfer**, **Loth** (d. i. Blei) und **Eisen**, dieß mit mehreren Zusammensetzungen: **Loteisen**, **Kalteisen** (Kalteis) u. s. w. außer den zahlreichen **—eisen**, welche den Gerätschaften oder den Imperativen zugehören. Auch **Land** (**Eiland**, **Neuland**, **Haberland**), **Acker**, **Wiese**, **Heide** u. dgl. laßen sich hierher ziehen, wenn gleich von manchen derselben zu vermuten steht, daß sie eigentlich präpositionelle Geschlechtsnamen sind, welchen das **von**, **auf**, **in** späterhin verloren gegangen ist. Desgleichen mögen noch erwähnt werden **Grube**, **Kuhle**, (**Kuhl**), das niederdeutsche Wort für Grube, **Leimengrube**, **Lehmkuhl**, **Wiltgrube**, **Schacht**.

In diese Klasse der Familiennamen sind endlich noch zu rechnen die von den Jahreszeiten, Tageszeiten, Festen, Tagen u. s. w. entlehnten Namen: **Winter**, **Sommer**, **Herbst**, sodann **Lenz** (**Glenz**) und **Frühling**, **Jahr** und **Gutjahr**, **Monat**, **Merz**, **Aberell** (die Form zeigt, daß dieser in Regensburg vorhandene Name noch aus dem 14., wo nicht 13. Jahrhundert stamme), **Mai**, **Hornung**; **Oster** und **Ostertag**, **Pfingst** und **Kirmes**; **Abend**, mit den Compositionen **Fastelabend**, **Feierabend** und **Braunabend** (letztere eine der

allerlächerlichsten, übrigens auch jüngsten, indem dieß eine Floskel aus der zweiten schlesischen Dichterschule ist, also vor 1650 gar nicht hat entstehen können; der Name war übrigens oder ist noch jetzt in Frankenberg zu Hause), **Mittag, Mitternacht** und **Vormittag**; **Mette, Nohn** (Nuhn) und **Vesper** (als die drei hauptsächlichsten Zeiten der kanonischen Gebetsstunden); **Tag, Sonntag, Montag, Freitag** und **Donnerstag** (der letzte Tagname sicherlich sehr jungen Ursprungs). An die Festnamen mögen sich anschließen einige Namen, die freilich eigentlich einer ganz andern Klasse angehören: **Himmelgeist, Heiliggeist**, späterhin abgekürzt in **Heilgeist, Kirieleis** (ein sehr alter, noch aus dem 14. Jahrhundert stammender Geschlechtsname) und **Alleluja**, später abgekürzt in **Luja**.

Auch die Töne sind nicht ohne Vertretung. Es findet sich **Schall, Ohrschall** und **Beischall, Donner, Pfeif, Boller** und **Rumpel, Krach** und **Klitsch, Klunk** und **Krisch**, womit die früherhin angeführten Spottnamen Gingang, Giegengack und Pinkepank zusammengestellt werden müßen, und es wird wol erlaubt sein, hierher auch den sonst schwer zu erklärenden Namen **Gesing** zu rechnen, weil derselbe da, wo er zu Hause ist, mit tonlosem **ge** ausgesprochen wird.

Die Unter- und Ueberirdischen wird man hier nicht suchen, aber auch sie fehlen nicht ganz: **Geist** und **Wicht** sind sogar nicht ganz selten, und **Kobold** kommt (wie **Baland**, welches schon früher aufgeführt worden ist), wenigstens hin und wieder vor. In Hessen findet sich übrigens auch der Familienname **Nobis** (abyssus, Abgrund der Hölle).

XIII.

Befehlende Sätze.

Wir bitten bei dieser Aufführung von Familiennamen unsere freundlichen Leser um die Erlaubnis, diese Imperativ-Namen etwas vollständiger als die bisherigen aufzälen zu dürfen; es sind dies diejenigen Namen, nach welchen die Sprachforscher ganz besonders suchen, und eine so vollständige Sammlung, wie sie hier, nur mit Weglaßung einiger zweifelhaften und einiger, eine etwas zu umständliche Erläuterung bedürfender Wörter, gegeben wird, ist bis jezt nicht gedruckt vorhanden, so daß wir, wenn es möglich wäre, nicht bloß für eine kurze Unterhaltung unserer freundlichen Leser, sondern auch für einen bleibenden Nutzen unserer Fachgenoßen sorgen möchten. Die ersteren werden dabei übrigens nicht zu kurz kommen, denn an seltsamen Namen ist diese Klasse verhältnismäßig reicher als irgend eine der vorangegangenen. Diese Namen kommen uns übrigens mehr seltsam vor, als sie es wirklich sind; in älteren Zeiten, als die Sprache noch lebendiger und nicht durch die steife Bücherweisheit verdorben war, hatte sie die Fähigkeit, aus jedem Imperativ (befehlenden Satz) sofort wieder ein Substantivum zu bilden, in sehr ausgedehnter Weise, und hat diese Fähigkeit auch der, sonst hierzu eigentlich wenig geeigneten französischen Sprache (in tirebotte, gagnepain u. dgl.) mitgetheilt. Seit etwa zweihundert Jahren ist diese Fähigkeit mehr und mehr erloschen, und in der Schriftsprache ist nur ein einziges Wort von den fünf- bis sechshundert üblich gewesenen Wörtern übrig geblieben: das Wort **Wagehals**; weniger im Gebrauch sind noch **Habenichts**, **Haberecht**, **Störenfried** u. a. m., wozu man noch den Pflanzennamen Vergißmeinnicht rechnen muß.

Wir verzeichnen nach dem Alphabet und zunächst nach dem ersten Worte der Zusammensetzung.

Abhau; — **Bleibtreu**, **Bleibimhaus**; **Beißenhirz** (d. h. beiß den Hirz, oder wie wir jetzt unrichtig schreiben und sprechen: Hirsch; ein in Wetter und Marburg üblicher, zuerst ohne Zweifel einem eifrigen Jäger, vielleicht auch nur einem Hundejungen Namens seiner Hunde gegebener Name), **Bitdendüvel** (beiß den Teufel); **Bickhafer**, **Bindauf**; **Brennewald**, **Brenneisen** (auch: Brenneis); schwerlich gehört hierher der noch aus dem 14. Jahrhundert stammende Name **Burneschur**, jetzt Bornscheuer gesprochen, welcher allerwärts sehr üblich ist, und allerdings einen Scheunenanzünder, Landräuber, bezeichnen, oder sich auf die verbreitete Spottsage beziehen könnte, nach welcher ein Junker seine Scheunen ansteckte, um die Mäuse in derselben zu verbrennen; wahrscheinlicher bezeichnet derselbe eine s. g. Brunnenkammer, einen Schierborn; **Bachenschwanz** (statt wach den Schwanz, bewege den Schwanz, hochdeutsch statt des niederdeutschen Wachstert, Bachstert, woraus wir in den letzten 100 Jahren „Bachstelze" gemacht haben, der Name des bekannten Frühlingsvögleins, und hiernächst auch Familienname).

Delkeskamp, Tilgenkamp (tilg, zerstöre das Feld); **Drabsanft; Drischaus;** — **Farenschon** (fahr schön, mach es gelinde); **Feghelm; Fellnast, Fellnwald, Fellgiebel** (fälle den Ast, den Wald, stürz das Haus um); **Findekeller** (einer der als ein guter Zechbruder den Keller wol zu finden weiß); **Fliegauf, Fliegaus, Fleugimtanz; Flickschuh; Flickenschild; Freßenteufel; Fülleborn, Füllekrug** (füll den Krug); **Furinsland** (statt fahr ins Land; — **Gangauf** (geh in die Höhe, nach der älteren und richtigeren Conjugation des jetzigen Wortes „gehen"); **Gebrat; Geyweit** (geh weit); **Greifenstil, Gripenkerl** (greif den Kerl); **Guesgern; Guckemus** (guck ins Mus); **Gießenbier** (gieß ein Bier, ein Bierschenker).

Habenschaden (hab den Schaden, Spottname für einen, der sich unvorsichtig in Gefahr begeben hat), **Habenstein** (faß den Stein fest), **Habenicht** (richtig, statt — nichts), **Hablützel** (hab wenig), **Habedank, Haberecht; Hackenfeind, Hackenbusch, Hackspan; Haltaus, Haltaufderheide** (ein Ritter oder Reisiger, welcher auf der Heide hält, um den Angriff abzuwarten, ein stets fertiger Dreinschlager); **Haßenkrug, Haßenwein** (haß den Krug, den Wein, ein Wirtshausfeind), **Haßkerl, Haßdenpflug** (Hastenpflug, Hassenpflug, ein Bauer, der des Pfluges überdrüßig geworden ist), **Haßesang, Haßdenteufel** (Hassenteifel); **Hauraud** (ein Zerhauer des Randes d. h. Schildes, ein tapferer schwertführender Ritter, ein älterer Ausdruck als der gleichbedeutende nächstfolgende), **Hauenschild** (Hauschild), **Hauenhut, Haueisen, Haustein, Hauto** (hau zu!); **Hebenkrieg, Hebenstreit** (einer der Krieg, Streit, Proceß anfängt), **Hebenschimpf** (ein Scherzanfänger, Spaßmacher), **Hebetanz** (ein Vortänzer), **Hebestein** (ein uralter Name, aus der Zeit, da noch mit Steinwürfen

gekämpft wurde), **Hebebrand, Hebeisen**; **Helfenritter** (Helfenzrieder; d. h. helft oder auch hilf dem Ritter); **Hoffendrunk** (ein Volkssänger, Spielmann, welcher auf einen Trunk hofft), **Hoffesommer**; dahin gehört indes nicht der Name **Hoffedit**, obgleich derselbe sonst ganz richtig aussieht wie hoffe ditz d. h. dieß; derselbe bedeutet vielmehr **Hofdietrich** d. h. einen Hörigen, Namens Dietrich (Dietz), welcher zum Herrenhofe gehört; **Hödenschild** (Hohenschild d. h. erhebe den Schild zum Kampfe); **Hörnf**; **Holwein**; **Hupfuf, Hupbach** (hüpf in den Bach, über den Bach), **Hupfeld** (hüpf ins Feld); **Huschenbett** (husch ins Bett); **Hütwol.**

Jagenmann (später Jagemann, einer der den Feind in die Flucht schlägt), **Jagenteufel** (um 1580 ein damals bekannter Hofprediger zu Weimar); **Kaufauf**; **Kehrein**; **Kenngott**; **Klopperdrau, Klopris, Klopstock**; **Klaubauf, Klubeschedel** (ein Schädelspalter), — **Klubescheit**; **Kochwohl**; **Kreuchauf**; **Küßwieder**; — **Laßleben, Lattwesen** (laß sein); **Ladengast** (lade den Gast, ein freigebiger Hauswirt): **Lachenicht, Lachenwitz**; **Lebefauft, Leberecht**; **Leuchtweiß** (wie Scheineweiß, Seheweiß, s. unten); **Lickleder** (ein Lederlecker, Spottname des Schusters, welcher das Leder mit den Zähnen zerdehnt; vgl. Zeerleder); **Leimwider** (einer der wieder leimt d. h. Beinbrüche heilt); **Leidenfrost, Leidemit**; **Liebenicht, Liebetreu**; **Lobwaßer**; **Löschenbrand**; — **Machemehl, Machetanz, Machewüst, Machwitz** (doch ist dieses Wort, wie auch Lachenwitz, vielleicht slavisch); **Mengein**; **Mernschatz** d. h. mehre den Schatz); — **Nagenzaum**; — **Raffauf, Raffensack** (Rafffack, Roffsack), **Rapsilber**; **Raufseisen**; **Raumeland**; **Reckenbeil**; **Rebendisch** (reibe, rücke den Tisch, ein fertiger Gastgeber oder Wirt); **Reibedanz** (rücke, bewege den Tanz wie Hebetanz, Rördanß, Schickedanz); **Regenfuß** (ein Tänzer, kann jedoch freilich auch einen Gehängten bedeuten); **Reisüber, Risweck** (reise vorüber, weg); **Reißeisen** (möglicher Weise aber auch ein Werkzeug); **Richtentisch** (vgl. Rebendisch), **Richtzenhain** (geh nach dem Hain hin, ein Feldflüchtiger oder Stadtflüchtiger); **Rinninsland** (vgl. Furinsland, zwei in Hessen übliche Namen, welche beide Landfahrer bedeuten); **Ringseis** (ring d. h. schwinge das Eisen); **Rückeisen; Rollenhagen** (roll in den Hagen; vgl. Richtzenhain); **Rördanz** (rühre den Tanz, ein uralter Name, weit älter als die doch auch alten Hebedanz, Schickedanz, Reibetanz); **Rührmund** (ein Singer oder Pfeifer, zumal ein Tanzpfeifer), **Rührenschalk.**

Schabacker (der den Acker mühselig, z. B. mit der Hacke, bearbeitet); **Schaffenrath** (Schaffrath), **Schaffnicht** (ein Faullenzer); **Schallweit, Schaltenbrand; Schauinsland; Scheineweiß; Schelhase; Schererz** (grabe Erz), **Scherübel, Scheerbart; Schendesland** (schände das Land, ein Schimpf für das Land); **Schenkbier** (Schenkbehr, Schenkbar); **Scheuchenstuel, Scheuchenpflug** (wie Haßdenpflug); **Scheubenpflug** (schiebe den Pflug, ein Ackermann); **Schiebenbaum; Schinteneſel, Schintenbuben, Schintenwolf** (nachher Schindewolf), **Schindeleib, Schindekopp, Schindhelm; Schietdendüvel** (schieß den Teufel); **Schlagintweit, Schlaginhaufen, Schlagenteufel; Schleifras** (Name einer jetzt ausgestorbenen adeligen Familie im Fuldaischen, zu welcher der Erbauer des jetzigen Domes zu Fulda, Adalbert von Schleifras, gehörte, und von der man die Sage hat, daß sie von einem Schinder herstamme, wie sie denn auch Schleife und Schinderbeil im Wappen führte); **Schliffdenbalg; Schlickenprein** (schluck den Brei); **Schlickeisen, Schlichtegroll; Schluckebier; Schmeckebier; Schnappuf; Schnellenpfeil;**

Schötensack (schüttle den Sack); **Schludersper**; **Schreckenfuchs**; **Schürebrant** (Schierenbrand); **Schüttenhelm**, **Schüttensamen**, **Schüddekopf**, **Schuddesell**, **Schüttesper** (nachher Schutzsper, zuletzt Schutzbar, der Name eines bekannten hessischen Adelsgeschlechtes mit dem Zunamen Milchling; gleichbedeutend mit Shakespeare); **Schrendeisen** (Schrinkeisen); **Schwäneschuh** (d. h. schwende, zerreiß die Schuhe), **Schwingenschlögl**, **Schwinghammer**; **Seheweiß** (vgl. Leuchtweiß, Scheineweiß); **Setzpfand**, **Setzekorn**; **Singohr**; **Sprengepfeil**, **Sprengseisen**; **Sparkäse**, **Sparwaßer**, **Sparschuh**; **Springinreif**, **Springinklee**, **Springinsgut** (Springsgut, Scherzname für Einen, der mit einem Male reich wird); **Springsfeld** (Springefeld), **Springmühl**, **Springauf**; **Spannaus**; **Steckemeßer** (einer der bei Zechen für sich bezahlen läßt und durch das Stecken des Meßers in den Tisch an den Platz eines Andern dieß zu erkennen gibt); **Stellpflug**; **Staubesand**, **Stobwaßer**, **Stobemehl**; **Stemshorn**; **Stichdenbuben**; **Stiginsfaß**; **Streckbein**, **Streckfuß** (ein Gehängter); **Streisgut** (streu das Gut, ein Verschwender, wie z. B. Kaiser Friedrich, der Träge und Geizige, seinen feurigen und unternehmenden Sohn Maximilian I. ein Streudasgütlein zu nennen pflegte); **Standfest** (in neuerer Form **Stehfest**), **Standhart**, **Störtebecker** (neuerlich **Stürzenbecker**, stürz den Becher, ein Austrinker, einst der Name eines berühmten Seeräubers); **Suchensteig**, **Suchenwirt** (such den Wirt, wie Findekeller, einer der das Wirtshaus wol zu finden weiß); **Suchsland** oder niederdeutsch **Sökeland**; **Sumsnit** (säume nicht damit); **Suppus** (sauf aus).

Thudichum; **Thunichtgut** (der Familienname eines bekannten österreichischen Ministers unter Leopold II., welcher denselben übrigens, nachdem er im Staatsdienst zu steigen begonnen hatte, in dessen Gegenteil: **Thugut** verwandelte); **Trauernicht; Traugut; Trinkaus (Trinks);** — **Weckenesel; Wendemut** (Windemut), **Wenderat** (später Wenderoth), welche beide Namen die Bedeutung haben: einer der seinen Sinn, seine Absicht leicht ändert; **Wenddenspieß, Wendschuh; Werpup; Wildenwirt** (gleichbedeutend mit Suchenwirt); **Wagehals; Wegerdanz** (einer der nicht tanzen mag); **Winnenpfennig;** — **Zeerleder, Zerrleder,** (Spottname für den Schuster, zerr das Leder, wie Leckleder); **Zernstein; Zierngibl** (ziere den Giebel, das Haus); **Zickendraht,** zuck den Draht, ein Spottname für den Schuster); **Zuckschwert, Zuckseisen, Zuckenmantel** (Zuckmantel, Zuckermantel, ein Räuber, welcher die Mäntel herabreißt); **Zwikkenpflug.**

Es ist leicht zu bemerken, daß diese Namen, sieht man auf den zweiten Theil derselben, in zwei Klassen zerfallen; solche, welche ein Adverbium, und solche, welche ein substantivisches Object auf den Imperativ folgen laßen. Beide Arten haben aber in sich eine große Mannigfaltigkeit, und nur die Adverbia **auf, aus** und **nicht** sind reichlicher vertreten: Bindauf, Fliegauf, Gangauf, Hörug, Hupfuf, Kaufauf, Klaubauf, Raffauf, Springauf, Schnappauf; — Drischaus, Fliegaus, Haltaus, Spannaus, Suppus, Trinkaus; Habenicht, Liebenicht, Lachenicht, Schaffnicht, Sumsnit, Trauernicht. Sonst kommt nur **ein** (Kehrein, Mengein), **sanft** (Drabsanft, Lebesanft), **weiß** (Leuchtweiß, Scheineweiß, Schewciß), **wieder** (Küßwieder, Leimwieder), und **wol** (Hütwol, Kochwol) mehr als einmal in unserm Verzeichnis vor. Auch die substantivischen Objecte sind sehr mannigfaltig; am häufigsten finden sich die Worte **Eisen** (Brenneis, Haueisen, Hebeisen, Raufseisen, Ringseis, Reißeisen, Rückeisen, Schlickeisen, Schrendeisen,

Sprengseisen, Zuckeisen) dessen Zusammensetzungen fast sämtlich das Blankziehen des Schwertes, mithin als Eigenname einen rauflustigen Gesellen bezeichnen; sodann **Tanz** (Fleugimtanz, Hebedanz, Machetanz, Reibedanz, Nördanß, Wegerdanz); **Pflug** (Haßdenpflug, Scheuchenpflug, Scheubenpflug, Stellpflug, Zwickenpflug); **Land** (Furinsland, Rinninsland, Schauinsland, Schendesland, Suchsland); **Bier** (Gießenbier, Schenkbier, Schluckebier, Schmeckebier); **Stein** (Habenstein, Haustein, Hebestein, Zernstein); **Brand** (Hebebrand, Löschenbrand, Schürebrand, Schaltenbrand) und **Teufel** (Bitdendüvel, Freßenteufel, Hassenteufel, Jagenteufel, Schlagenteufel). Die übrigen Objecte kommen zum geringen Theil nur dreimal, viele nur zweimal, die meisten nur einmal vor.

XIV.

Slavische und übersetzte deutsche Namen.

Damit es bei der berüchtigten Dreizehnzal nicht bleibe, so bringen wir hier noch die Namen nach, welche wir, nicht als Vornamen (von denen wir gleich Anfangs gehandelt haben), sondern gleich als fertige Zunamen, aus fremden Sprachen entlehnt haben. Vor allen sind hier zu nennen die slavischen (wendischen, böhmischen) Namen. Für **slavisch** sind im Allgemeinen alle diejenigen Familiennamen zu halten, welche auf **itz**, **itsch**, **etsch** u. dgl. ausgehen, wie Metsch, Miltitz, Feilitzsch, Kaletsch, Andretsch u. s. w., die bei uns nicht ganz selten sind; häufig sind sie in den Marken und in Sachsen, schon etwas seltner in Thüringen und Hessen, sehr selten am Rhein. Bekannt ist z. B. **Opitz**, **Apitz**, und es bedeutet dieses Wort **Affe**; **Nimptsch** bedeutet einen Deutschen, **Kretschmar** oder **Kretschmann** einen Kneipenwirt; **Lommatsch**, **Lometsch** ist das übliche Schimpfwort der Slaven, besonders der Böhmen, für die Deutschen, und bezeichnet einen ungeschlachten Menschen, ungefähr was wir einen Bengel nennen würden; **Lessing** bedeutet Waldmann, **Leisewitz** Waldessohn, **Leibnitz** Lindenau oder Lindemann, **Wenk** Kranz, **Kosegarten** Ziegenburg, **Kaselitz** Jungenverderber

u. s. w. Dahin gehören auch einige slavische Vornamen: Wenzeslaus, woraus die Geschlechtsnamen **Wenzel**, **Wenz**, **Mühlwenzel** und Stanislaus, woraus die Namen **Stenzel**, **Stenz** entstanden sind.

Aus dem Lateinischen ist die Abkürzung von advocatus als **Vogt** ein bekannter Amts- und Familienname geworden; eine Variation ist **Vauth** (Fauth), niederdeutsch **Vaged**, und im Genetiv **Vagedes** d. h. des Vogts Sohn (wie **Reimerdes**, Sohn des Reginmar oder Reimer, **Suabedes**, Sohn des Schwab, woraus man nachher **Suabedissen** gemacht hat); **Creuzer** ist aus Cruciger entstanden u. s. w. Häufig sind die im 16. Jahrhundert aus deutschen Namen in das Lateinische oder Griechische übersetzten Namen, wie **Pistor** oder **Pfister** für Becker, **Molitor** oder **Mylius** für Müller, **Mesomylius**, oder wie dor Name jetzt entstellt ist, **Missomelius**, für **Mittelmüller** (der Anherr dieser Familie war Müller in der Mittelmühle bei Wetter), **Magirus** oder entstellt **Majerus** für Koch, **Sartorius** für Schneider, **Stannarius** für Kannegießer, **Arcularius** für Kistner oder Schreiner, **Victor** für Böttner, **Xylander** für Holzmann, **Avenarius** für Habermann, und viele dergleichen, von welchen manche abenteuerlich genug aussehen und zum Theil sogar jetzt schwer oder gar nicht mehr zu enträtseln sind, wie z. B. **Trygophorus** (auf deutsch und eigentlich: **Hefenträger**, eine während des 16. Jahrhunderts in Fritzlar und im Waldeckischen sehr bekannte Familie), **Chesnecophorus** u. dgl. Am seltsamsten nehmen sich oft die aus den deutschen Namen durch lateinische Endungen entstellten Namen aus, wie z. B. **Lonicerus**, welcher aus **Lonzer** entstellt ist, aber sehr griechisch-lateinisch aussieht, so daß gar mancher lateinische Schüler schon die nach dem

Professor Adam Lonicerus zu Marburg genannte Pflanze, die lonicera (Geißblatt, Jelängerjelieber) ganz eifrig im lateinischen oder griechischen Wörterbuch gesucht hat. In jener Zeit bestimmte zuweilen der unreife und phantastische Einfall eines unbärtigen Literaten seinen eigenen Familiennamen und den Namen des künftigen Geschlechts. So war ein gewisser Mosmann der Sohn eines Schmids zu Gemünden an der Wohra; da ihm aber einige lateinische Verse gelungen waren, so konnte er nicht mehr Mosmann heißen, sondern nahm lieber den lateinischen Gewerbnamen seines Vaters, Faber an; indes das drückte doch nicht den poetischen Schwung aus, welchen das lateinische Bürschchen in sich fühlte, und so nannte er sich denn Fabronius, welches bedeuten sollte Faber aonius d. h. der Musenschmid, der Schmid vom Helikon, und diesen Namen behielten seine Nachkommen bei. Seine Landsleute, Helius Eobanus Hessus und Euricius Cordus, von denen auch über ihre hochpoetisch klingenden Namen Niemand recht weiß, wie sie wirklich geheißen oder sich geschrieben haben, hatten es ja freilich unserm Faber aonius zur Nachahmung, zuvor bereits ebenso gemacht. Man schämte sich damals in ganz eigentlichem Sinne mancher deutscher Namen, und verfiel darüber auf die seltsamsten Gräcisierungen und Latinisierungen; so nannte sich z. B. eine Familie, welche in ehrlichem Deutsch **Eimer** hieß: **Euhimerus**, andere, welche **Hose** hießen, nannten sich **Osius**, **Osenius**, **Hosemann**, **Osiander**, und der Vorname und Geschlechtsname **Eckhard** mußte sich regelmäßig in **Eucharius** umgestalten, woraus denn sich der Familienname **Euker** gebildet hat. Dahin gehören auch **Coccejus** für **Koch**. — Manche kehrten von dem Pistorius, Sartorius, Plaustrarius

ihrer Väter zu dem Becker, Schneider, Wagner ihrer Großväter zurück; Andere aber, und die Meisten, behielten die bunten lateinischen und griechischen Namen bei; so hat der Schreiber dieses einen Holzhauer gekannt, welcher zwar Xylander hieß, aber sein Holz allezeit auf deutsch sägte und spaltete, und der Marburger Postmeister mit dem langen griechischen Namen Mesomylius merkte nicht, daß er das Gesangbuch in der Kirche verkehrt hielt, denn er hatte weder auf griechisch noch auf deutsch lesen gelernt.

Alphabethisches Register.